Karl Pilsl
Wirtschaftsjournalist

Wirtschaftsrevolution aktuell:
Neue Perspektiven für Ihre Zukunft

Inspiration
Ermutigung
Impulse
Orientierung
Umsetzung

Copyright © 2011 by Karl Pilsl, Verlag Gute Nachricht GmbH

Alle Rechte vorbehalten.
Nachdruck oder Reproduktion, auch auszugsweise,
nur mit schriftlicher Genehmigung des Verlags.

Erschienen im Verlag:
Verlag Gute Nachricht GmbH
Freyunger Str. 53 a | D-94146 Vorderschmiding
Telefon 08551 9149-0 | Fax 08551 9149-14
E-Mail: office@verlag-gute-nachricht.de
www.verlag-gute-nachricht.de

1. Auflage, Mai 2011

ISBN 978-3-935760-32-4

Menschenspezialist®, Umdenk-Akademie® und Umdenk-Trainer® sind
eingetragene Marken der Verlag Gute Nachricht GmbH.

Foto von Karl Pilsl: © www.orhideal-image.com

Liebe Leserin, lieber Leser,

sicher haben Sie dieses Buch nicht „zufällig" gekauft.

Der Titel ist klar positioniert, eindeutig und sagt, worum es geht: „Neue Perspektiven für Ihre Zukunft ..."

Das beinhaltet die Möglichkeit und die Chance, seine Zukunft selbst zu gestalten.

Ich möchte Sie mit diesem Buch ganz einfach inspirieren und ermutigen zur Neuorientierung. Entweder zur Erneuerung und Stärkung des Bestehenden oder zum Aufbruch in etwas Neues. Beides ist möglich und beides ist herausfordernd.

Also, herzlich willkommen zu einem interessanten und chancenreichen Thema.

Veränderung kennzeichnet unser Leben. Sie ist Teil des Lebensstroms, in dem wir uns befinden. Mitunter stehen größere Veränderungen an, und der Berg, vor dem wir stehen, erscheint uns gewaltig und übergroß. Das haben fast alle Berge so an sich, wenn du vor ihnen stehst. Sie beeindrucken uns.

Doch nirgendwo steht, dass wir jeden Berg, der sich vor uns erhebt, besteigen und überwinden müssen. Manchmal führt uns der richtige Weg um den Berg herum. Oder er kann ein Zeichen dafür sein: Hier geht es nicht weiter! Manchmal ist es auch richtig „zum Berg zu sprechen" und die Schwierigkeiten „heben sich hinweg".

Halten wir inne und nutzen die Chance des Erkennens. Machen wir uns bewusst frei von dem, was uns bedrängen will und werden innerlich ruhig. Denn schon der Volksmund sagt:

„In der Ruhe liegt die Kraft."

Was Sie hier lesen, wird Sie inspirieren und ermutigen und Ihren Glauben und Ihre Zuversicht für eine erfolgreiche ... ... erVOLLgreiche ... Zukunft stärken. Denn, die gibt es auch für Sie! Unabhängig von der Situation, in der Sie sich gerade befinden.

Dieses Buch richtet sich in erster Linie an suchende und fragende Menschen, die sich mit ihrer Zukunft, mit ihrem Unternehmer-Sein konstruktiv-kritisch auseinander setzen. Die nicht sicher sind, ob ihr heutiges „Unternehmen", sei es als Angestellter oder als Selbstständiger, „zukunftsfähig" ist.

Darüber wollen wir uns ausführlich beschäftigen und Ihnen mit neuen Sichtweisen, neuen Perspektiven und neuen Wegen begegnen. Die Richtung, die wir einschlagen heißt:

„Mehr Freude am eigenen Leben." Denn in der Freude liegt nicht nur eine mächtige Kraft, sondern auch ein gutes Stück Lebensqualität.

Karl Pilsl

Inhaltsübersicht

Die Wirtschaft heute	8

Analyse Ihrer heutigen Situation
   Wie sieht Ihr „IST" aus?
   Wenn kein Wind geht, denn rudere ... oder
   Wenn dein Pferd tot ist, dann steig ab ...
	13

Wirtschaftsrevolution – Wir müssen umdenken!	25
Die 10 Haupttrends der aus den USA kommenden Wirtschaftsrevolution	34
Der Menschenspezialist® – Gesundheit für Körper, Seele und Geist	45
Ein neuer Weg: Werden Sie Menschenspezialist – aber wie?	53
Empfehlungsmarketing – der Weg für Menschenspezialisten	56
Die Vertriebswege der traditionellen Wirtschaft, des Network- und des Empfehlungsmarketings	60
Grundsätzliche Informationen zum Empfehlungs-Marketing	66
Das Thema der Zukunft: Gesundheit für Körper, Seele und Geist	73
Wie setze ich meine persönliche Erfolgsspirale in Gang?	76
Für Existenzgründer: Empfehlungsmarketing im Vergleich zu anderen Möglichkeiten der Selbstständigkeit	79

Inhaltsübersicht

Appendix für insolvenzgefährdete Menschen bzw. Menschen in Insolvenz — 86

Wie geht es weiter? — 89

Zusammenfassung — 94

Über den Autor — 96

Die Wirtschaft heute

Neue Perspektiven für Ihre Zukunft

Wir leben in einer ungemein dynamischen Zeit. Nahezu alle Lebensbereiche unterliegen rasanten Veränderungsprozessen. Komplexität und Geschwindigkeit erreichen ein Maß, das viele Menschen nicht nur an ihre persönlichen Grenzen bringt, sondern schlichtweg überrollt und überfordert.

Ohne Zweifel: In der heutigen Wirtschaft weht ein rauer Wind. In vielen Branchen wird es eng. Viele Möglichkeiten scheinen ausgereizt und befriedigt zu sein. Kaum ein Pferd, das nicht schon gesattelt wurde. Für alle, die keine Einzigartigkeit und Attraktivität entwickelt haben, wird es zunehmend schwieriger, erfolgreich zu sein.

Der Wettbewerbsdruck nimmt ständig zu. Viele Produkte und Märkte befinden sich in der Sättigungsphase.

Um Interessenten und Kunden neue (Kauf-)Anreize zu bieten, sind wir anscheinend gezwungen, uns ständig Neues einfallen zu lassen. Oft wird nur Vorhandenes „aufgewärmt".

Dann wird die nächste Runde eingeläutet oder plakativer formuliert „das nächste Schwein durchs Dorf getrieben".

Weiterhelfend Neues ist eher Mangelware. Wie es den Menschen tatsächlich dabei geht, interessiert oft nicht so sehr. Wichtiger als das Wohl der Beteiligten sind Quartalsergebnisse, Aktienkurse, Shareholder-Value ... ein Handeln, hinter dem kein gutes Menschenbild steht.

Globalisierung und Internationalisierung unterstützen, verschärfen und beschleunigen diese Entwicklung. In kurzer Zeit verändern sich Rahmenbedingungen, sodass nicht nur einzelne Firmen, sondern Teile ganzer Branchen leiden, schrumpfen und fusionieren, um dann „leise" zu verschwinden.

Konzerne entlassen in Scharen viele ihrer Führungskräfte, weil die immer effektivere Technik automatisch viele ihrer bisherigen Aufgaben übernimmt bzw. unnötig macht.

Die Wirtschaft heute

Die tragende Säule unserer Wirtschaft – der Mittelstand und besonders die kleinen Unternehmen – sind heute nicht nur im Einzelfall, sondern mehrheitlich einem knallharten Wettbewerbs- und Verdrängungswettbewerb ausgesetzt, der selbst den „Starken" und „Schnellen" an den Lebensnerv geht.

Ein großer Teil der mittelständischen Unternehmer sieht der eigenen Zukunft mit Sorge entgegen. Die Prognosen machen jedoch deutlich, dass dies erst der Anfang ist. Industrienationen wie China, Indien und andere Entwicklungsländer stehen erst am Beginn ihrer Entwicklung und Expansion.

Niemand kann die kommenden Entwicklungen richtig ab- und einschätzen. Die meisten Menschen haben keine Ahnung, was sich auf der Weltbühne, in den Chefetagen großer Konzerne, bei Banken oder in der Politik abspielt. Die Finanzwelt ist aus den Fugen geraten und mit ihr auch die Politik.

Wir schreiben März 2011. Ich komme gerade zurück von einer 7-wöchigen Geschäftsreise durch die Vereinigten Staaten. Mir war es einfach wiedermal wirklich wichtig geworden – als Wirtschaftsjournalist – die aktuelle Situation in dem Lande „abzuspüren", welches ja immer noch die stärksten Impulse in die Weltwirtschaft aussendet. Ich bin seit über 30 Jahren in den USA tätig, habe viele Jahre dort mit meiner Familie gelebt, mich über 20 Jahre dort als Wirtschaftsjournalist betätigt und kenne das Land daher so gut wie wenige Nicht-Amerikaner.

Eines habe ich von dieser Reise wieder mitgenommen: Wir leben buchstäblich in sich dramatisch verändernden Zeiten. Und die wenigsten Menschen kriegen es bereits wirklich mit. Ja, vieles ist bereits anders geworden – man kann es richtig spüren.

Fast nichts mehr ist, wie es war. Und das, was jetzt ist, wird nicht so bleiben. Wir leben mitten in einer „Wirtschaftsrevolution" und einer beginnenden „politischen Revolution" und viele haben das noch gar nicht richtig wahrgenommen.

Für die Mächtigen hat sich an vielen Orten ihre Macht zur „Ohnmacht" gewandelt.

Doch Zeiten, in denen scheinbar alles durcheinander kommt, bergen auch ungeahnte neue Chancen und Möglichkeiten. Allerdings nur für diejenigen, die den Kopf nicht in den Sand stecken, sondern mutig, kühn, veränderungswillig und bereit sind, den Stier bei den Hörnern zu packen und Autorität über die Umstände auszuüben.

Positiv denken war gestern. UMDENKEN ist heute.

Positiv denken reicht nicht mehr aus, vor allem nicht, wenn die Richtung nicht mehr stimmt, in die man geht.

Wenn Sie sich in einer solchen oder ähnlichen Situation oder in einer Neuorientierungsphase befinden, dann wäre es jetzt das Verkehrteste, Angst zuzulassen. Angst lähmt und ist ein schlechter Ratgeber.

Parallel zu den Negativszenarios entwickelt sich auf der anderen Seite eine neue Gründerwelle. Junge Menschen – und notgedrungen auch ältere Menschen – wagen das Risiko und starten ihre berufliche Selbstständigkeit. Meist in neuen Branchen oder Geschäftsfeldern, in denen sie Lücken und Nischen entdecken und in denen sie sich aufgrund ihrer Ausbildung Zukunftschancen ausrechnen. Das ist gut.

Ebenso gibt es für Unternehmer aus der traditionellen Wirtschaft, aus Handwerk und Handel neue Chancen und Möglichkeiten, selbst aus einer heute schwierig erscheinenden Situation einen neuen Geschäftszweig, vielleicht sogar ein neues Geschäft zu beginnen. Ohne nennenswertes Risiko und mit sehr geringem Finanzeinsatz, jedoch mit dem Vorsatz das wichtigste Kapital – die Zeit – zielgerichtet und nutzbringender einzusetzen.

Die Wirtschaft heute

Ein kluger Mensch verbindet Bewährtes mit Neuem. Er schätzt das Bewährte und ist Neuem aufgeschlossen. Wer allerdings zu lange an überholten Traditionen festhält – also am „Gestrigen", das in der Vergangenheit gut und nützlich war, aber jetzt und heute schwer und schwerer läuft und morgen dann wirklich nicht mehr funktioniert – den überrollen die immer schneller werdenden Entwicklungen der Zeit.

Zur Evolution gehört zwingend, sich aktiv und im richtigen Verständnis den sich verändernden Bedingungen – der Umwelt – anzupassen. Das gilt für die gesamte Schöpfung und für alle Lebewesen. Das schließt „gegen den Strom schwimmen" nicht aus.

Die Natur führt das in überzeugender und beeindruckender Weise vor. Die Geschichte präsentiert uns Tausende Jahre erfolgreicher und kontinuierlicher „Firmengeschichte", inklusive dem souveränen Meistern bedrohlicher und existenzgefährdender Krisen.

Die naturkonforme Strategie – ein Lebensstil und eine Denkweise, die sich die Natur zum Vorbild nimmt – gewinnt wieder immer mehr an Bedeutung.

Man könnte auch sagen: Vorwärts geht´s nur mit ‚zurück zur Natur'.

UMDENKEN heißt, wieder in Übereinstimmung kommen mit den unumstößlichen Gesetzmäßigkeiten unserer Schöpfung.

Analyse Ihrer heutigen Situation

Ihre heutige Situation ist nicht „zufällig" so, wie sie ist. Und an ihr ist nicht alles schlecht, auch wenn nicht alles so ist, wie Sie es sich wünschen.

Vielleicht ist sie im Kern sogar sehr gut und bietet hervorragende Möglichkeiten, die bislang noch im Verborgenen liegen und noch nicht sichtbar geworden sind?

Bei der Analyse Ihrer heutigen Situation ist es ganz wichtig, sich die richtigen Fragen zu stellen.

Der Kernpunkt ist: Es geht um Ihre persönliche Vision. Um das, warum Sie morgens aufstehen und Ihre Zeit und dafür Ihr Leben einsetzen.

Was ist Ihre Lebensidee, Ihre Unternehmensidee? Sind Sie selber (noch) davon begeistert? Leben und arbeiten Sie entsprechend Ihrer Gaben und Talente?

Wenn JA, dann leben Sie in Ihrer Bestimmung und meistern Ihre Herausforderungen mit Freude und Kraft.

Wenn NEIN, dann empfehle ich Ihnen, sich mit diesen Fragen wirklich zu beschäftigen. Was ist es, das Sie „irgendwie" behindert? Was steht dahinter? Was sind klar und nüchtern die aktuellen Ergebnisse? Was sind „die Früchte" Ihres Unternehmens und Ihres bisherigen Lebens?

Sicherlich ein ganz heißes Thema. Es gibt jedoch kein Wichtigeres!

Leben Sie in Ihrer Berufung oder sind Sie zumindest auf dem Weg in Ihre Berufung? Oder spielen Sie gar nur eine Rolle, für die Sie zwar gut ausgebildet worden sind, aber nicht wirklich Ihr Kernauftrag bzw. Ihre gottgegebene Berufung ist?

Alles andere ist nebensächlich.

Es ist das zentrale Thema eines jeden Menschen, sich seiner persönlichen und unternehmerischen Berufung bewusst zu werden. Darin liegt der

Neue Perspektiven für Ihre Zukunft

eigentliche Sinn unseres Lebens.

Die zentrale Frage lautet:

> **Was haben andere Menschen davon,
> dass es mich und mein Unternehmen gibt?**

Unsere Wirtschaft lebt davon, dass wir uns gegenseitig dienen.

Dienen heißt, die Probleme unserer Zielgruppe lösen oder deren Wünsche erfüllen.

Wer das im Hinblick auf einen „heißen Wunsch" oder „ein brennendes Problem" besser kann als andere, der erhält den Auftrag und ist somit Sieger. Er läuft auf der Erfolgsstraße.

Fragen, die Sie weiterführen, sind:

> Was kann ich besonders gut?
>
> Was fällt mir leicht?
>
> Für was bin ich schon öfters gelobt worden?
>
> Welche Aufgaben habe ich schon bewältigt oder gar gemeistert?
>
> Mit was habe ich Erfolg – vielleicht sogar bereits außerordentlichen Erfolg – gehabt?
>
> Für was trage ich Verantwortung?
>
> Wozu bin ich hier auf dieser Erde?
>
> Wo ist mein Platz?

Analyse Ihrer heutigen Situation

Wo gehöre ich hin?

Wo komme ich her? Was hat mich in der Vergangenheit geprägt und in meinem Leben weitergebracht?

Wo will ich hin? Wie soll meine Zukunft aussehen?

Wer bin ich ...? Was ist meine ureigene Identität?

Was ist mein Menschenbild? Was mein Selbstbild?

Worauf basiert dieses?

Mit wem oder was bin ich identisch?

Für **Mensch** und **Unternehmen** gilt dasselbe: Leben wir in unserer Kernkompetenz, leben wir in dem Bereich, wo wir wirklich die besten Ergebnisse, die attraktivsten Früchte, Problemlösungen und Erlebnisse für die Zielgruppe bieten können.

Leben wir etwa am Rande oder gar außerhalb unserer Berufung, leben wir außerhalb unserer Einzigartigkeit?

Einem Leben außerhalb der eigenen Identität und Bestimmung fehlt die Tiefe und es bringt nicht die ersehnte Erfüllung. Es bietet lediglich die Möglichkeit zu „existieren" oder „über die Runden zu kommen".

Aber, wer ist schon damit zufrieden, nur über die Runden zu kommen? Das kann nicht der Sinn des Lebens sein.

Die Vorstufe für das Erkennen der eigenen Berufung ist das „sich selbst Erkennen". Das **„Wer bin ich?"** tatsächlich.

Für die meisten Mittelständler ist ihr Unternehmen der Lebensmittelpunkt. Deshalb ist dieser „Selbsterkennungs- und Bewusstwerdungsprozess" doppelt wichtig. Lassen Sie sich nicht von Umständen, auch nicht von der momentanen Situation ablenken und beeinflussen.

Neue Perspektiven für Ihre Zukunft

Was macht Ihre Person aus?

Was sind Ihre ureigenen Träume, Ziele und Wünsche?

Lassen Sie sich einfach einmal von dem Denkansatz leiten:

„Nichts kann schief gehen und Geld spielt keine Rolle!"

Bitte analysieren Sie gründlich und ehrlich. Erkennen Sie, wo Sie heute stehen, und beginnen Sie dort. In Phasen besonderer Herausforderung und Veränderung kann es vorkommen, dass Sie die Orientierung verlieren. Das sollte Sie nicht verwirren. Bleiben Sie dran an diesen Fragen ... arbeiten Sie schriftlich daran ... beziehen Sie Menschen Ihres Vertrauens mit ein.

Von diesem neuen Verständnis „**Ich bin ...!**" geht es in die weiteren Bereiche Ihres Lebens und Unternehmens. So weit und so tief, wie Sie es wünschen und für nötig erachten. Unter Umständen sind nicht alle Fragen für Sie wichtig. Konzentrieren Sie sich auf die Fragen, die für Sie von Bedeutung sind. Sie spüren selbst am allerbesten, was wichtig für Sie ist.

Dieses Buch und das gesamte Angebot von **www.Wirtschaftsrevolution.de** bzw. der **www.Umdenk-Akademie.de** will Ihnen „Hilfe zur Selbsthilfe" anbieten.

Der einzige Mensch, der Ihnen wirklich helfen kann, sind Sie selbst. Und das „Sie selbst", Ihr „Ich bin ...!" steckt bereits in Ihnen.

Was werden Sie erleben, wenn Sie beginnen, diesen Weg zu gehen?

Sie werden sich mit sich selbst auseinandersetzen. Mit Ihrer ureigenen Vision für Ihr persönliches Leben. Sie werden Ihr „Ich bin ...!" neu entdecken und erkennen, ob Sie auf dem richtigen Weg sind. Ob Ihr Leben und Unternehmen Kurskorrektur braucht, neue Orientierung, neue Zielklarheit oder Umkehr. Umkehr beginnt immer beim Umdenken.

Analyse Ihrer heutigen Situation

Vielleicht finden Sie Bestätigung für Ihren heutigen Standort und Weg. Vielleicht auch Ernüchterung und die Erkenntnis: Ich habe mich verlaufen oder im Dschungel der Welt verirrt. Kein Problem, nach dem Erkennen werden Sie in der Lage sein, „Aktivitäten" zu entwickeln und umzusetzen, deren Ergebnisse Sie wieder begeistern werden.

Es ist keine Seltenheit: Viele mittelständische Unternehmer und leitende Angestellte empfinden ihre Lebenssituation als nicht befriedigend. Sie leben nicht im Zentrum ihrer Berufung, sondern haben es zugelassen, Opfer von Umständen und Gewohnheiten geworden zu sein. Die Folge: Sie investieren sich in höchstem Maße und strengen sich an, aber die erreichte Lebensqualität erfüllt nicht mal die eigenen Erwartungen.

Geben Sie sich nicht der Illusion hin, Ihr Problem sei Ihnen klar. Das Problem ist zu Beginn in seiner Tiefe meist nicht klar.

Bleiben Sie nicht an der Oberfläche stehen. Die Ursache muss herausgefunden und herausgearbeitet werden. Darin liegt die Chance. Unterscheiden und sensibilisieren Sie sich: Was sind echte Tatsachen? Was sind nur Annahmen oder Meinungen zu Tatsachen?

Sich aus Ihren gewohnten Strukturen oder auch aus der Komfortzone heraus zu bewegen, empfinden die meisten Menschen als „eine echte Herausforderung". Sie tun sich entsprechend schwer damit, Entscheidungen für Veränderungen, für ein neues Berufsfeld, vielleicht sogar für ein neues Geschäftsfeld zu treffen. Das ist verständlich und darf nicht verdrängt, sondern muss überwunden werden.

Ein Neustart in etwas Neues – und „neu" heißt in diesem Zusammenhang „sich in ein bislang nicht bekanntes Terrain zu begeben" – verursacht naturgemäß Unsicherheit.

Auf der anderen Seite hat „das Neue" nur dann gute Chancen zu gelingen, wenn es mit dem Elan des eigenen, vollen Überzeugtseins und Glaube an den Erfolg in Angriff genommen wird.

Deshalb steht zu Beginn eine sorgfältige und ehrliche Analyse und erst am Ende eine klare Entscheidung. In diesem Falle über die Zukunftsfähigkeit Ihres heutigen Lebens und Unternehmens.

Die beiden Alternativen heißen ...

> **„Wenn dein Pferd tot ist, dann steig ab."**
>
> oder
>
> **„Wenn kein Wind geht, dann rudere."**

Zum Ersteren:

Die klare Erkenntnis setzt sich bei Ihnen durch: Es gibt definitiv keine Chance, im bisherigen Geschäftsfeld wieder „erfolgreich" zu werden. Möglicherweise spüren Sie innerlich, dass Sie es – auf den Punkt gebracht – auch gar nicht mehr wollen.

Ihre Sicht tendiert eher in Richtung: Ich/wir brauchen so schnell wie möglich eine neue Ausrichtung, eine neue persönliche und berufliche Zukunft.

>>> Wenn das zutrifft, dann sind Sie hier genau richtig. Sie lernen heute möglicherweise das kennen, was Sie persönlich und beruflich weiterbringen kann.

Zum Zweiten:

Sie stellen fest: Ich befinde mich mit meinem Unternehmen zurzeit in großen Schwierigkeiten. Es „läuft" nicht mehr rund. Umsatz und Ertrag gehen zurück. Sie spüren, dass Sie zunehmend unter Druck kommen.

Im Inneren Ihres Herzen haben Sie jedoch Gewissheit oder zumindest das Empfinden, am richtigen Platz zu sein. Was Sie und Ihr Unternehmen heute tun, ist das, was Sie prinzipiell gerne tun. Und Sie

Analyse Ihrer heutigen Situation

würden das auch gerne weiterhin tun, wenn sich wieder realistische Erfolgsaussichten auftun.

Das Problem ist **„Es weht kein Wind"**. Das bedeutet: Die Nachfrage nach Ihrem Angebot hat nachgelassen. Rudern heißt: Bringen Sie Ihr Unternehmensschiff wieder in den Wind zurück! Dann wird es wieder Fahrt aufnehmen.

>>> Wenn dieser Sachverhalt auf Sie zutrifft, dann können Sie in diesem Buch ebenfalls eine Menge erfahren, das Ihnen hilft und Sie inspiriert, Ihr Unternehmen wieder auf die Erfolgsspur zurückzuführen.

Anmerkung:
Bitte arbeiten Sie eine detaillierte Vorgehensweise aus. Analysieren Sie die ursächlichen Probleme der heutigen Schwierigkeiten sehr genau. Typische Fragen sind:

Für Sie persönlich:

- Lebe ich so, wie ich leben möchte?
- Für was bin ich dankbar? Was gefällt mir an meinem Leben?
- Was behindert mich?
- Was würde ich gerne tun? Was hindert mich, es zu tun?

Für Ihre Familie:

- Verwende ich genügend Zeit für meine Familie?
- Bin ich mit meiner Lebensweise ein gutes Vorbild?
- Entwickeln sich alle Familienmitglieder entsprechend ihren Talenten und Begabungen?

Neue Perspektiven für Ihre Zukunft

- Wie sieht der Zusammenhalt aus? Sind wir eine Einheit? Halten wir in Herausforderungen und Krisen zusammen wie „Pech und Schwefel"?
- Belastet mein berufliches Engagement unser Familienleben?

Für Ihr Unternehmen:

- Warum genau sind unsere Umsätze und Deckungsbeiträge rückläufig?
- Warum konnten wir in der Vergangenheit keine höheren Preise durchsetzen? Was sind die Gründe dafür?
- Was sind unsere Kernstärken und bei welchen Menschen haben wir damit welche Zukunfts- und Marktchancen?
- Sind unsere Kernstärken gefragt – nachgefragt?
- Haben wir die richtigen Mitarbeiter und sind diese am richtigen Platz?
- Was können wir, was unsere Mitbewerber nicht so gut können?
- Ist das in den Augen unserer Kunden wichtig?

Betrachten Sie Ihr Unternehmen aus der **„Vogelperspektive"** und geben Sie sich **schriftlich** Antwort auf folgende Fragen:

- Was ist mein eigentliches Lebens- bzw. unser Unternehmensziel?
  Welchen Menschen dienen wir mit was?
  Ist das immer noch so attraktiv wie früher?
  Sind wir vom Weg abgekommen und/oder hat sich unser Umfeld verändert?

Analyse Ihrer heutigen Situation

- Wie entwickelt sich der Markt, in dem mein Unternehmen tätig ist?
  Welche Hauptwünsche haben meine Kunden?
  Wie gut kann ich diese erfüllen?
- Wie entwickelt sich die Wettbewerbssituation?
  Was zeichnet sich bereits ab?
- Wie entwickelt sich – müsste sich – mein Angebot entwickeln, um bei unseren Hauptkunden wieder attraktiver zu werden?
- Was sind meine „speziellen", was meine „firmenspezifischen" Erfolgsfaktoren?
- Was sind die Stärken meiner Mitarbeiter?
- Wie bin ich unternehmensintern organisiert? Ablauf? Prozesse?
- Welche Ertragschancen hat mein Unternehmen? Wie sehen unsere Finanzpläne aus?

Gründe für Fehlentwicklungen und Unternehmensengpässe sind in vielen Fällen:

☹ Die ursprüngliche Vision des Unternehmens lebt nicht mehr.

☹ Die Ziele des Unternehmens sind nicht präzise und klar festgelegt und es fehlen Ziel- und Kontrollsysteme.

☹ Es mangelt an visionärer Führung, an richtigen Strategien und Grundsätzen für eine wirksame Umsetzung.

☹ Die Orientierung/Ausrichtung, Problemlöser für die Kernzielgruppe zu sein, ist zu schwach geworden – Verzettelung hat stattgefunden.

Neue Perspektiven für Ihre Zukunft

- ☹ Die Betreuung der Kunden wurde vernachlässigt.
- ☹ Die Produkte und Dienstleistungen sind „austauschbar" geworden.
- ☹ Es fehlt an Alleinstellungsmerkmalen oder sie werden zumindest nicht prägnant genug dargestellt.
- ☹ Die Mitarbeiter sind nicht in der Rolle von Mit-Unternehmern.
- ☹ Wir denken zu stark in Problemen anstatt in Lösungen.

Ein Hinweis:

Wenn Sie Hilfestellung bei der Ausarbeitung dieser oder ähnlicher Fragen wünschen, wenden Sie sich bitte an den Verlag bzw. an die Umdenk-Akademie®. Wir unterstützen Sie gerne darin, mit Ihrem jetzigen Unternehmen erneut „erVOLLgreich" zu werden.

Egal, welche Diagnose:

„Wenn dein Pferd tot ist, dann steig ab."

oder

„Wenn kein Wind geht, dann rudere."

Ihre aktuelle Situation kennzeichnet, nutzen Sie in Ihrem Fall die Chance zur positiven Veränderung.

Bitte beachten Sie: Jede Veränderung beginnt zuerst bei Ihnen! JA, bei Ihnen persönlich. Nirgendwo anders. Beginnend in Ihrem Denken, dann in Ihrem Sprechen und dann in Ihrem Handeln.

Analyse Ihrer heutigen Situation

Die Umdenk-Akademie® liefert Ihnen hierfür mit der Vision die Basisorientierung, Kontakt mit Gleichgesinnten, Inspiration und Ermutigung – bis hin zur Visionspartnerschaft und zu einer möglichen Ausbildung zum Umdenk-Trainer®.

Wir haben in Deutschland keine Wirtschaftskrise (denn es warten genügend Probleme auf eine neue Lösung). Wir haben vielmehr eine weltweite Systemkrise, eine Strukturkrise. Noch vielmehr haben wir eine Sinn-, Werte- und Vertrauenskrise. Und diese gilt es zu überwinden.

Wirtschaftsrevolution ...
Wir müssen umdenken!

„Ein neuer Geist in Wirtschaft und Politik" – Das ist das, was wir jetzt dringend brauchen.

„Durch Deutschland muss wieder ein Ruck gehen", sagte schon vor Jahren der frühere Bundespräsident Roman Herzog. Und er hatte recht.

Aber dieser Ruck ist noch nicht gekommen. Wir konnten es zumindest nicht wirklich erkennen.

Viele Menschen sind frustriert und die Wirtschaftsnation Deutschland ist weltweit stark zurückgefallen. Man hat es den Unternehmern schwer gemacht, in Deutschland Unternehmer zu sein oder Unternehmer zu werden. Man erwartet, dass Arbeitsplätze geschaffen werden. Gleichzeitig machen Regierung, Agenturen und Behörden es den Arbeitgebern immer schwerer, in Deutschland Unternehmer zu sein oder sich selbstständig zu machen. Man hat sich buchstäblich aufs „Verhindern" konzentriert, anstatt auf das Fördern des Unternehmertums. Auch wenn Politik und Interessenvertreter anderes behaupten.

Man hat die Menschen gelehrt, Bewerbungen zu schreiben und aus Deutschland eine Nation von Bewerbern (Arbeitnehmern) gemacht. Aber wie sollen die noch Arbeit nehmen können, wenn es bald keinen mehr gibt, der Arbeit gibt?

Man hat uns schon in der Schule abgewöhnt, unternehmerisch zu denken, unternehmerisch zu handeln und mit Risiken zu leben. Man sagt ja schon zu den Kindern: „Gehe kein Risiko ein." Anstatt dass man sie lehrt, wie man mit Risiken richtig umgeht. Man spricht ständig darüber, wie viel Rechte man hat, auf wie viel Urlaub Anspruch besteht, wie man „richtig Krankenstand feiert" und wie man staatliche Sozialleistungen besser nutzen kann.

Neue Perspektiven für Ihre Zukunft

Anstatt den jungen Menschen zu sagen, wie sie von all dem unabhängiger werden und ihre Zukunft als Unternehmer selbst gestalten können.

Wir sind in die falsche Richtung gegangen!

Aus der früheren Wirtschaftsnation und Unternehmerhochburg Deutschland wurde eine Arbeitnehmernation – ein Land der Bewerbungsschreiber.

Wir brauchen einen **„neuen Geist in Wirtschaft und Politik"**, damit die Menschen in Deutschland wieder „aufblühen", d. h. voll zur Blüte kommen. Umdenken – in vielen Fällen radikales Umdenken – ist der erste Schritt in die richtige Richtung.

Warum ein neuer Geist notwendig ist

Weil es schon in der Bibel heißt: „Der Geist ist es, der lebendig macht; das Fleisch (Materie) allein nützt nichts!"

Ja, wir brauchen wieder ein neues Denken.

Wir haben in Deutschland keine Wirtschaftskrise. Wirtschaftsleben heißt ja, sich gegenseitig Probleme lösen. Eine Wirtschaftskrise hätten wir, wenn alle Probleme gelöst wären. Wir leben in einer Zeit mit so vielen ungelösten Problemen wie nie zuvor. Also, es gibt so viele Chancen und Möglichkeiten für problemlösungsorientierte Menschen wie nie zuvor.

Wir leben in einer revolutionären Zeit. In einer Zeit für Unternehmer, Pioniere, Visionäre und Menschen, die Chancen sehen und sich auf die Möglichkeiten konzentrieren, anstatt sich von den Umständen und Problemen lähmen zu lassen und mit Jammern und Kritisieren den Tag zu vergeuden.

Wir brauchen wieder Menschen, die den „Stier bei den Hörnern packen" und bereit sind, Dinge zu tun, die andere Menschen nicht bereit sind zu tun. Wer etwas tut, was andere Menschen nicht tun würden, wird auch etwas erleben, was andere Menschen nie erleben werden.

Darum heißt es ja: „Willst du etwas haben (erleben), was du noch nie gehabt (erlebt) hast, musst du etwas tun, was du noch nie getan hast!"

Oder noch klarer ausgedrückt: „Willst du etwas ernten, was du noch nie geerntet hast, musst du ein Samenkorn säen, das du noch nie gesät hast!"

Ja, durch Deutschland muss ein Ruck gehen. Wir werden gemeinsam dafür sorgen, dass dieser Ruck durch Deutschland geht. Wir werden nicht darauf warten, bis die Zeit (und die Politik) sich ändert. Wir packen gemeinsam kräftig an und handeln.

Zurück zur Einfachheit des Denkens und damit zu einer höheren Effizienz unseres Handelns

Ich bin seit über 30 Jahren in den USA tätig und in dieser Zeit über 150 Mal zwischen Europa und USA hin- und hergeflogen. Dabei habe ich gelernt, beide Welten miteinander zu verbinden. Ferner entdeckte ich auch den Unterschied zwischen der Denke des deutschen mittelständischen Unternehmers und des amerikanischen mittelständischen Unternehmers. Ich habe mir immer die Frage gestellt: Warum ist es möglich, dass die Amerikaner in so vielen Dingen viel erfolgreicher sind als die Deutschen, obwohl jeder weiß, dass Deutschland die Know-how-Hochburg der Welt ist (war)?

Um es auf den Punkt zu bringen:

Es liegt an der Einfachheit des Denkens der Amerikaner und in ihrer Menschenorientierung.

Neue Perspektiven für Ihre Zukunft

In den USA denkt man viel einfacher und unkomplizierter und ist daher auch viel effizienter bei dem, was man tut. Außerdem wird in den USA der menschliche Aspekt des Lebens viel höher gehalten als der intellektuelle Aspekt.

Es geht ja nicht darum, wie viel ein Mensch weiß, sondern es geht vielmehr darum: „Was haben andere Menschen davon, von dem, was ein Mensch weiß?" oder noch klarer ausgedrückt:

„**Was haben andere Menschen davon, dass es mich gibt?**"

Jeder Mensch kann sich entscheiden, ob er sein Wissen, seine Intellektualität und sein Know-how dazu einsetzt, um die Dinge komplizierter und komplexer zu machen oder ob er sein Wissen dazu einsetzt, die Dinge (und damit das Leben) so einfach wie möglich zu gestalten.

Das Erstere wurde zur Spezialität in Deutschland. Das Letztere ist es, was die Amerikaner zur – immer noch - führenden Nation der Welt gemacht hat.

In diesen 30 Jahren in den USA, insbesondere in den 20 Jahren meiner Tätigkeit als Wirtschaftsjournalist hat sich folgender Kernsatz herauskristallisiert und ich bin heute mehr denn je davon überzeugt, dass er stimmt:

„**Wenn es uns gelingt, die hohe Intellektualität, Perfektion, Technik, Know-how und die Qualität der Deutschen mit der Denke, der Kreativität, der Einfachheit, der Menschenorientierung und der Leadership-Philosophie der Amerikaner in der richtigen Weise miteinander zu verbinden, dann sind wir Deutschen am Weltmarkt unschlagbar!**"

Zurück zur Menschenorientierung

Ja, es geht immer um den Menschen. Der Mensch ist das Maß unserer Entscheidungen und das Maß unseres Handelns. „Der Mensch ist die Krone der Schöpfung Gottes", sagt die Bibel.

Es geht nicht darum, dass wir auf Kosten anderer Menschen erfolgreich werden. Das wäre ja Räubertum. Es geht darum, uns gegenseitig zu unterstützen, damit wir gemeinsam erfolgreich werden und ein gottgegebenes, erfülltes Leben leben.

Wir haben uns in Deutschland in den letzten Jahren und Jahrzehnten zu sehr auf die Materie konzentriert; auf Rohstoffe, Techniken, Produkte, Prozesse und Geld – und dabei den Menschen vergessen.

Wir haben unser Hirn ausgebildet auf Kosten unseres Herzens. Wir haben unsere eigene Individualität wichtiger genommen als die Bedürfnisse anderer Menschen.

Wir haben uns zu viel mit Computern beschäftigt und zu wenig mit Menschen.

Wir sind Computerspezialisten geworden oder Spezialisten anderer Techniken, anstatt uns auf Menschen zu spezialisieren.

Menschenspezialisten sind „Mangelware" in Deutschland. Menschenspezialist wird man aber nur, wenn man sich mit Menschen beschäftigt. Mit ihren Träumen, Visionen, Zielen. Mit ihren Talenten und Fähigkeiten. Mit ihrer gottgegebenen Berufung.

Ein Menschenspezialist® kennt sich bei Menschen aus. Aber nicht, um sie für seine eigenen Ziele zu missbrauchen, sondern um sich in andere Menschen zu investieren, damit jeder Mensch die Möglichkeit hat, mit seinen Talenten und Fähigkeiten seine Träume, Visionen und Ziele gemeinsam mit anderen Menschen zu realisieren.

Neue Perspektiven für Ihre Zukunft

Der Megatrend des 21. Jahrhunderts: Der sich multiplizierende Menschenspezialist®

Von einem bin ich ganz fest überzeugt: Der Megatrend des 21. Jahrhunderts heißt: „Der sich multiplizierende Menschenspezialist".

- Menschenspezialisten sind Persönlichkeiten mit der Fähigkeit, auch anderen Menschen zu helfen, ihre Persönlichkeit zur Entfaltung zu bringen.

- Menschenspezialisten kennen sich bei Menschen aus und investieren sich in andere Menschen zum gemeinsamen Vorteil.

- Menschenspezialisten bringen Menschenspezialisten hervor.

- Starke Persönlichkeiten bringen starke Persönlichkeiten hervor.

- Menschenspezialisten helfen anderen Menschen, ihre gottgegebenen Talente zu erkennen und sie in ihre Berufungen hineinzuführen.

- Menschenspezialisten sind Leader (Führer). Menschen kann man nicht managen. Menschen wollen geführt werden.

Menschenspezialisten multiplizieren sich und sind stark daran interessiert, dass jene Menschen, in die sie sich investieren, noch besser werden als sie selbst. Nur das allein bringt „qualitatives Wachstum".

Wir stehen mitten in einer Werte-Revolution

Viele Menschen stellen sich heute die Frage nach dem Sinn des Lebens. Sie sind auf der Suche nach Werten. Sie sind auf der Suche nach einem Fundament, auf dem man sicher stehen kann. Sie sind auf der Suche nach „Spielregeln", die wirklich funktionieren.

Viele Menschen sind auch auf der Suche nach Gott, obwohl sie nicht öffentlich darüber reden. Man hat uns ja immer gesagt: „Über Gott und über Geld redet man nicht."

Ich habe das nie verstanden, warum man über diese beiden so wichtigen Dinge nicht öffentlich sprechen darf. Gott ist ja noch viel wichtiger als Geld und daher sollte man doch darüber sprechen, oder?

In Amerika habe ich gelernt, dass man über beides, über „Gott und Geld" sprechen kann. Öffentlich. Diese Themen sind in Amerika keine Tabuthemen – und das macht auch vieles einfacher.

Viele Menschen in Deutschland sprechen nicht über ihre Suche nach Gott, weil sie fürchten, sie würden eventuell in eine Sekte kommen oder von anderen Menschen „vereinnahmt" werden. Dabei ist es doch so einfach zu erkennen, ob man es mit Gott oder mit einer Sekte zu tun hat.

Für mich ist alles eine Sekte oder hat zumindest sektiererische Züge, wo Menschen versuchen, andere Menschen von sich abhängig zu machen. Egal, ob emotional, seelisch, geistig, wirtschaftlich etc. Denn es steht ja schon in der Bibel:

> „Wo der Geist Gottes wirkt, da ist Freiheit."
> (2. Kor. 3:17)

Wo immer Menschen versuchen, andere Menschen von sich abhängig zu machen, ist der Geist Gottes nicht anwesend und von daher hat das auch nichts mit Gott zu tun. Es ist eben ein großer Unterschied zwischen Religion und Gott.

Gott hat mit Religion nichts zu tun. Gott ist Liebe und führt uns in die Freiheit des Geistes. Nicht in religiöse Abhängigkeiten, Gebundenheiten oder religiöse Schuldgefühle. Gott ist viel gnädiger als die meisten Menschen.

Die Freiheit des Menschen: sein höchstes Gut

Gott selbst hat dem Menschen den „freien Willen" – das höchste Gut des Menschen – gegeben. Gott selbst hält sich sicher daran und übergeht den freien Willen eines Menschen nicht. Er lässt jeden Menschen seine eigenen Entscheidungen treffen. Und wenn Gott selbst den Menschen diesen freien Willen gegeben hat, sollten auch wir den freien Willen anderer Menschen respektieren und nicht antasten.

Es gibt einen Unterschied zwischen Manipulation und Motivation:

Manipulation ist immer im Spiel, wenn wir andere Menschen zu etwas bewegen möchten, was nur für uns gut ist.

Motivation ist, wenn wir andere Menschen zu etwas bewegen möchten, was insbesondere für sie und für alle Beteiligten gut ist.

Wann immer Sie nicht wissen, was richtig und was falsch ist im Umgang mit Menschen, dann denken Sie an die „Goldene Regel":

> „Was du nicht willst, das man dir tut,
> das füg' auch keinem anderen zu!"
>
> (Bergpredigt)

Die 10 Haupttrends der aus den USA kommenden Wirtschaftsrevolution und die damit verbundenen Konsequenzen und Chancen

Neue Perspektiven für Ihre Zukunft

Man kann zu den USA stehen, wie man möchte. Tatsache ist: Die USA als – immer noch – Wirtschaftsnation Nr. 1 haben sich seit vielen Jahren als „Vorreiter" wirtschaftlicher und gesellschaftlicher Entwicklungen positioniert. Niemand kann das Rad der Zeit zurückdrehen. Die auf uns zukommende Wirtschaftsrevolution – mit all den positiven und negativen Auswirkungen – wird niemand aufhalten können. Sie hat bereits eine nicht zu übersehende Dynamik entwickelt.

Wer diese Trends früh genug erkennt und sich darauf einstellt, wird auch in Zukunft zu den wirtschaftlich Erfolgreichen gehören.*

Die meisten Menschen in unserem Land bewegen insbesondere zwei Themen: ihre **materielle Existenz** und ihre **Gesundheit**.

Und zwar genau in dieser Reihenfolge, wenn es nicht um unverbindliche Meinungen, sondern um reale Entscheidungen geht.

1. Wovon werden wir morgen leben?

Der traditionelle Arbeitsmarkt wird immer unsicherer!
Gibt es im neuen Zeitalter auch neue berufliche Möglichkeiten?

2. Bleibe ich gesund und leistungsfähig?

Kann ich mit der rasanten Entwicklung auch körperlich Schritt halten?
Was muss ich tun, um meine Gesundheit zu bewahren?

Zukunftsprognosen sagen übereinstimmend die Liberalisierung des Arbeitsmarktes voraus.

In 15 Jahren werden 80 % der Menschen nicht mehr nur für **einen** Arbeitgeber arbeiten und viele, die **heute noch** Arbeitnehmer sind, werden aufgrund fehlender Alternativen Unternehmer werden müssen.

*Empfehlenswertes Audio-CD-Set: „Deutschland, wohin gehst du?" – Mehr Info auf **www.wirtschaftsrevolution.de/shop**

Wirtschaftsrevolution ... wir müssen umdenken!

Die Kosten der Sozialversicherungssysteme werden weiter steigen. Der Gesundheit wird ein neuer Stellenwert zukommen. Es wird populär werden, dass **„Gesundheit zu bewahren"** viel einfacher und kostengünstiger ist als **„Krankheit zu bekämpfen"**.

Neue Perspektiven für Ihre Zukunft

Die Menschen werden in Zukunft ein wesentlich höheres Maß an **Eigenverantwortung** wahrnehmen. Nicht nur für ihre Gesundheit, sondern umfassend für ihre gesamten Lebensbereiche.

Der Sozialstaat, so wie wir ihn heute kennen – „die anderen sorgen für mich" – geht seinem Ende zu. Insbesondere auch im Bewusstsein der Menschen, obwohl immer wieder gewisse Gruppen – die aus einem Mangelbewusstsein heraus agieren – nach einem starken Staat rufen, weil sie selbst nicht wirklich gewillt sind, ihr Leben selbst in die Hand zu nehmen.

Trend 1: Erwachsenenbildung

Erwachsenenbildung ist „People-Building", aber nicht nur Personalentwicklung, sondern vor allem Persönlichkeitsentfaltung.

Der **Input** bestimmt den **Output**. Das, was ein Mensch in sich hineinzieht, das ist das, was aus ihm herauskommt. Und davon hängt dann auch ab, ob andere Menschen deine Nähe suchen oder nicht. Wie attraktiv ist dein Output, das wird die immer wichtigere Frage sein.

Es sind immer die gleichen, einfachen, unumstößlichen Gesetzmäßigkeiten, die ganz normale Menschen – die nur kühn genug sind, anders zu denken und zu handeln als die Masse – an die Spitze führen.

Eine sehr wirksame Form der Erwachsenenbildung findet innerhalb des Empfehlungsmarketings statt, da Menschen hier in ihre Blüte und Berufung geführt werden.

Trend 2: Revolution des Gesundheitswesens

Gesundheit bewahren bzw. Krankheit verhindern ist effizienter und kostengünstiger als Krankheiten bekämpfen zu müssen.

Wenn jemand keine Zeit (und kein Geld) hat, etwas für seine Gesundheit zu tun, dann wird er eines Tages Zeit (und Geld) haben müssen, etwas gegen seine Krankheit zu tun.

Themen wie richtige Ernährung, Nahrungsergänzungen, richtige Bewegung und andere krankheitsverhindernde Maßnahmen und Möglichkeiten werden enorm an Attraktivität gewinnen.

Jeder, der im „Gesundheitsbewahrens-Business" tätig ist, wird in den nächsten Monaten und Jahren viel Rückwind haben. Dies deshalb, weil wir hier in den nächsten Jahren einen großen Bewusstseinswandel erleben und mehr und mehr Menschen erkennen, dass „Gesundheit bewahren" viel einfacher ist als „Krankheit bekämpfen" zu müssen.

Trend 3: Die Kommunikationstechnologie wird explodieren

Das Internet wird als Informations- und Kommunikationstechnik die Effizienz kaufender Kunden und anbietender Firmen drastisch erhöhen. Es wird sich zu einer permanenten „Hausmesse" im Hause des künftigen Kunden entwickeln.

Die Menschen und Unternehmen werden „die Nase vorn haben", die sich auf schnellstem Wege mit der neuesten und für sie wichtigen Information versorgen.

Social Media wie Facebook, Twitter und andere ähnliche Systeme werden immer mehr zur Kommunikationsplattform der Menschen und viele gleichgesinnte Menschen in einem Anliegen, einem Interessengebiet, einer Vision bzw. Zielsetzung miteinander verbinden.

Die Ereignisse in Ägypten im Februar 2011 haben uns deutlich gemacht, welche gewaltige Power ganz einfache Menschen hier freisetzen können.

Trend 4: Der Wettbewerb um die Talente wird wichtiger als der Wettbewerb um die Kunden

Bei wirklich erfolgreichen Firmen steht nicht mehr der Kunde an erster Stelle, sondern der Mitarbeiter. Jeder Unternehmenserfolg beruht letztendlich darauf, in welchem Unternehmen die besten Talente der Branche arbeiten, als einzigartige Persönlichkeiten heranwachsen und in einem visionären Team so gut wie möglich zusammen an einem Strang ziehen. Visionäre Leadership – der größte Engpass in Deutschland – ist der Schlüssel, der die Schatztruhen der vielen talentierten Menschen öffnen wird.

Der größte Aktivposten eines Unternehmens sind Mitarbeiter, die ihren Arbeitsplatz selbst sichern.

Die Zukunft gehört dem mitarbeiter-orientierten Unternehmer, der all seine Power dafür investiert, in seinem Unternehmen das beste Team der Branche zu formen und die besten Talente miteinander zu verbinden.

Trend 5: Den Kunden nicht mehr „nachlaufen", sondern beginnen, die Kunden zu führen

Die zentrale Frage:

Was haben andere Menschen davon, dass es mich/mein Unternehmen gibt?

Wir sind auf dem Weg vom Kundennutzen zum Kundenerlebnis!

Was erlebt Ihr Kunde, wenn er Ihnen oder Ihren Mitarbeitern begegnet?

In dem Maße, wie es ein Unternehmer (Leader) versteht, seine Mitarbeiter zu Spitzenleistungen zu führen, werden die Mitarbeiter in der Lage sein, die „Kunden zu führen".

> **Zitat von Sam Walton, Gründer von Wal-Mart, größter Einzelhändler der Welt:**
>
> *„Es gibt nur einen Chef! Das ist der Kunde!*
>
> *Er hat die Macht, jeden im Unternehmen hinauszuwerfen ... vom Geschäftsführer bis zum Portier.*
>
> *Ganz einfach, indem er sein Geld woanders ausgibt.*
>
> *Und wenn wir in die Lage kommen unsere Kunden zu führen, werden die Kunden immer wieder unsere Nähe suchen und zu uns kommen."*

Was die Kunden erleben, wenn Sie Ihnen oder Ihren Mitarbeitern begegnen, wird den Ausschlag dafür geben, ob die Kunden wieder Ihre Nähe suchen oder nicht und ob Sie mit Begeisterung weiterempfohlen werden oder nicht.

Also vom Kundennutzen zum Kundenerlebnis – das muss das zentrale Ziel jeder Marketingabteilung werden.

Trend 6: Die Power der persönlichen Marke

„Personal Brand Power", das heißt im Idealfall: unverwechselbar, unaustauschbar und ein großes Vertrauen bei der Zielgruppe.

Menschen, die sich im Wirtschaftsleben behaupten wollen, müssen sich auf ihre Talente und Fähigkeiten konzentrieren und daraus für eine bestimmte Zielgruppe eine möglichst einzigartige Problemlösung entwickeln.

Gerade Klein- und Mittelbetriebe, Handwerker und kleine Handelsbetriebe sind gefordert, sich durch eine „Personal Brand" eine starke Power und Anziehungskraft aufzubauen, die sie für

Mitarbeiter und Kunden besonders interessant macht und deutlich von der übermächtigen Konkurrenz größerer Unternehmen unterscheidet.

Eine Spitzenleistung ist eine Leistung, zu der Kunden sagen: „Das ist spitze!"

Aber es ist nicht in erster Linie eine Frage des Produktes, sondern vielmehr die Frage: Für welche Gruppe von Menschen bin ich als „persönliche Marke" so „merkwürdig" und attraktiv, dass sie ihr Vertrauen in mich als Mensch setzen und daher gerne immer wieder meine Nähe suchen?

Wofür Sie stehen, ist viel wichtiger als was Sie verkaufen wollen. Wofür stehen Sie aus der Sicht anderer Menschen?

Trend 7: Die Arbeitsmarkt-Revolution

Fachleute in den USA behaupten, dass in den nächsten zehn bis fünfzehn Jahren 80 % der Angestellten-Positionen, wie wir sie heute kennen, in dieser Form nicht mehr vorhanden sein werden.

„Das Internet ist der letzte Sargnagel der Bürokratie."

- Tom Peters -

Menschen, die nicht bereit sind umzudenken, sich als „Einzelunternehmer" sehen und auch so denken, werden es in Zukunft wirtschaftlich zunehmend schwerer haben.

Jeder einzelne Mensch und Mitarbeiter für sich ist ein „Einzelunternehmen". Wer sich selbst nicht so sieht, wird immer abhängiger werden von anderen Menschen und damit seine persönliche Freiheit immer mehr verlieren.

Trend 8: Das „Home-Business" wird die wirtschaftliche Landschaft grundlegend verändern

Die Arbeitsmarkt-Revolution kommt der Homebusiness-Revolution stark zugute. Das neue „Network-Franchising" wird hier ein großes Betätigungsfeld vorfinden und freigesetzte Mitarbeiter mit persönlichkeitsorientierter Ausbildung und Führung in eine neue Form des wirtschaftlichen Lebens hineinführen.

Franchising, Network-Marketing und Internet werden sich in den nächsten Jahren immer mehr miteinander verbinden und damit – auch in Europa – die Homebusiness-Revolution herbeiführen.

Durch die Kommunikations-Revolution (Internet, Social Media, Telekommunikation, ...) ist es sogar möglich, vom eigenen Haus aus ein erfolgreicher „Global Player" zu werden.

Trend 9: Der Megatrend des 21. Jahrhunderts: Der sich multiplizierende Menschenspezialist

Echte Menschenspezialisten werden niemals arbeitslos sein, egal, in welcher Branche sie arbeiten, in welchem Land sie leben und wie alt sie sind.

Menschenspezialisten sind immer gesuchte Mangelware, die überaus gefragt sind.

Menschenspezialisten sind Menschen, die sich mit Freude und Begeisterung in andere Menschen investieren. Ihr Ziel ist es, andere Menschen in ihre Identität und Berufung zu führen.

Es kommt nicht darauf an, wie viel ich weiß, sondern: „Was haben andere Menschen von dem, was ich weiß?"

Hier wird es auch für die Menschen jenseits von 50 immer interessanter werden. Spätestens mit 50 sollte jeder Mensch den Sprung vom

Branchenspezialisten zum Menschenspezialisten gemacht haben.

Mit 50 fängt ja das Leben erst richtig an. Haben Sie ein Bewusstsein dafür? Die Jahre zwischen 50 und 80 sind genauso lange 30 Jahre wie die Jahre zwischen 20 und 50. Nur haben wir mit 50 eine ganz andere Ausgangsbasis, als wir mit 20 gehabt haben. Das Leben dauert viel länger als die meisten (jungen) Menschen glauben.

Die Frage ist nur: Welche Perspektive haben Sie für Ihre zweite Lebenshälfte?

Eine Abwärtsperspektive mit folgenden Gedanken: Jetzt geht's schön langsam auf die Rente zu und dann warten wir aufs Sterben. Oder gehören Sie zu jenen Menschen, die mehr und mehr eine neue Aufwärtsperspektive haben und mit folgenden Gedanken in die Zukunft gehen: Jetzt beginnt meine zweite Lebenshälfte, die Zeit, auf die ich gut vorbereitet worden bin, für die ich bestens ausgebildet worden bin und jetzt werde ich endlich jahrzehntelang das tun können, was wirklich in meinem Herzen ist.

Sie sind sich dessen bewusst, dass Sie nun mit 50 den „Pfannenjahren" entwachsen sind und nun, nach all den Jahren in der Pfanne so richtig zubereitet und genießbar gemacht worden sind für den Sinn Ihres Lebens. Sie sind daher jenseits von 50 genießbar für andere Menschen – was eine viel höhere Attraktivität und Anziehungskraft mit sich bringt. Menschen beginnen Ihre Nähe zu suchen.

Zu welcher Gruppe gehören Sie?

Zu denen, die jenseits von 50 beginnen die Welt zu bewegen oder zu denen, die jenseits von 50 beginnen aufs Sterben zu warten? Ihre Anziehungskraft auf andere Menschen wird sehr stark davon abhängen.

*Ich empfehle Ihnen sich von meinem Buch speziell zu diesem Thema **„Die Faszination der zweiten Lebenshälfte"** inspirieren zu lassen. Siehe **www.wirtschaftsrevolution.de/shop***

Trend 10: Die Werte-Revolution oder die Renaissance der „alten Wahrheiten"

Computer haben nicht die Fähigkeit zu lieben, zu loben, Wertschätzung zu geben, Werte vorzuleben oder gar anhaltenden Sinn für das Leben zu vermitteln. Je mehr „High-Tech" wir haben, umso wichtiger wird der Bereich „High-Touch". Die Qualität Ihrer persönlichen Beziehungen wird mehr und mehr den Ausschlag geben für ein erVOLLgreiches, erfülltes Leben.

Die „alten Wahrheiten" werden nie vergehen, sie werden funktionieren, solange es Menschen gibt.

Die „alten Wahrheiten" sind zwar alt, aber doch für viele Menschen der heutigen Generation neu, weil sie diese in ihrer Ausbildung nicht mehr gehört haben und auch bisher keinen „Chef" hatten, der ihnen diese vorgelebt hätte.

Der Menschenspezialist ... Gesundheit für Körper, Seele und Geist

Die Ganzheitlichkeit ist in aller Munde und in jüngster Zeit die „schlichte Anforderung" und das Schlagwort für alle Konzepte und strategische Ausrichtungen. Oft verstehen die Menschen jedoch Unterschiedliches darunter.

Wir haben in der Umdenk-Akademie® eine sogenannte „9-Felder-Matrix" entwickelt, die in der notwendigen Abstraktion, jedoch sehr verständlich und in knapper, übersichtlich und klar gegliederter Form die Botschaft verdeutlicht, ja man könnte fast sagen, dass sie die Grundelemente und Handlungsfelder des gesamten menschlichen Daseins in seiner Ganzheit abbildet.

	Entgiftung	**Ernährung**	**Bewegung**
GEIST	Frei werden von toter Religion und leblosen Traditionen.	Sich füllen mit dem lebendigen Wort und dem Geist Gottes.	Die gottgegebene Berufung leben. In seiner Bestimmung angekommen.
SEELE	Raus mit dem negativen Denken. Frei werden vom Abhängigkeits- und Mangeldenken.	Sich selbst kennenlernen. Ich weiß, wer ich bin und erkenne meine Gaben und Talente.	Aktiv leben! Herausforderungen meistern. Ich tue mit Bravour, was meine Aufgabe ist.
KÖRPER	Raus mit den angesammelten Giftstoffen.	Gesunde Ernährung – Dem Körper wichtige Vitalstoffe zuführen.	Fitness, sich bewegen, körperliches Training

Neue Perspektiven für Ihre Zukunft

Der „natürliche" Mensch, der nach seiner Sinneserkenntnis Sehen, Hören, Fühlen, Schmecken, Riechen lebt, besteht aus Körper, Seele und Geist.

Dem **Körper**, *griechisch Soma,*
werden der Leib, der Bewegungsapparat
und die Sinne zugeordnet.

Erläuterungen

Die **Seele**, *griechisch Psyche,* besteht aus Intellekt, Gefühlen und Wille.

Intellekt: Die Fähigkeit zu wissen
Gefühle: Emotionen, Zuneigung, Wünsche und Empfindungen

Dem **Geist**, *griechisch Pneuma,*
werden die Intuition, das Gewissen
und Sehnsucht des Menschen nach
Gemeinschaft mit Gott zugeordnet.

Intuition: Das „andere" Wissen,
ohne es zu durchdenken,
wie der Verstand es tut.
Gewissen: Unterscheidungsfähigkeit
von Gut und Böse

Vor dem Ernähren kommt das Entgiften, damit sich die Nahrung in Körper, Seele und Geist wirkungsvoll entfalten kann.

Als Vergleich dazu: Kein Landwirt wird den guten Samen in einen vergifteten Boden säen. Er wird den Boden zuerst entgiften, bevor er sein kostbares Saatgut investiert.

Bewegen steht für „Tun". Unser Körper braucht Bewegung, damit er sich kräftigt und funktioniert. Seele und Geist leben, indem Sie in Bewegung, im Fluss des Lebens bleiben. Wenn die „Bewegung" endet, hat das Leben aufgehört. Der Tod ist eingetreten.

Die 9-Felder-Matrix zeigt nach unserem Verständnis die „ganzheitliche Sichtweise" des menschlichen Lebens.

Der Menschenspezialist ... Gesundheit für Körper, Seele und Geist

Mit unserer gemeinsamen **Vision:**

„**Gute Nachricht in jedes Haus**"
„**Ein neuer Geist in Wirtschaft und Politik**"

bzw. mit unserer **Mission:**

„**Gesundheit für Körper, Seele und Geist**"

wollen wir Menschen erreichen und ihr Interesse wecken, sich mit ihrem Leben und ihrer Berufung zu befassen. Das Ergebnis wird alle begeistern: Es heißt, ein

„erVOLLgreiches Leben"

zu führen. Unter „er-VOLL-G-reich" verstehen wir:

Jeder Mensch (er), das sind auch Sie, füllt sich und ist „voll" mit „G`s".

Also „**G**" wie – Gottes Geist, Glaube, Gnade, Güte, Genüge, Gunst, Gesundheit, Gewissheit, Geborgenheit, Genügsamkeit, Gelassenheit, Geduld und auch Geld schreibt man mit G ... und der so gefüllte Mensch ist dadurch reich an Leben.

Jesus Christus sagt:

„Ich bin gekommen, dass sie (die Menschen) Leben haben und das in **voller Genüge** haben."

Volle Genüge meint: Gesundheit für Körper, Seele und Geist. Das Ziel des Menschenspezialisten heißt: Anderen Menschen helfen, in diesem Sinne gesund zu werden und gesund zu bleiben.

„Gesund bleiben" ist der große Wunsch und steht für viele Menschen an oberster Stelle.

Neue Perspektiven für Ihre Zukunft

Und doch leben sie dann so, als ob **Gesundheit** eine Selbstverständlichkeit, ein **Menschenrecht** wäre, und machen sich überhaupt keine Gedanken darüber, dass sowohl für Körper, Seele und Geist der Input – die richtige Nahrungsaufnahme – der entscheidende Faktor für den Output ist.

Viele Menschen verhalten sich so:

Sie nehmen die falsche Nahrung zu sich. Sowohl für den Körper als auch für die Seele und den Geist. Falsche Nahrung führt zu Vergiftung. Vergiftung führt zu Krankheit.

Sie ernähren sich nicht ausreichend mit den notwendigen Nährstoffen, die jeder Körper braucht. Sie vertrauen einfach auf den Zufall, dass der Körper schon das bekommen wird, was er nötig hat. Das ist ein großer Irrtum. Wenn unser „System" nicht die Nahrung bekommt, die es wirklich braucht, dann führt das langfristig zu Mangelerscheinungen.

Mangelerscheinungen sind die Ursache sehr vieler Krankheiten. Das wird jeder Arzt bestätigen. Sowohl körperlicher als auch seelischer Krankheiten. Und trotzdem wird dieses Thema nicht ernst genug genommen.

Sie bewegen sich nicht ausreichend und somit kann sich der Körper nicht kräftigen und die Nährstoffe auch nicht richtig verarbeiten und verbrauchen.

Der Mensch ist eine Trinität. Er ist Geist, hat eine Seele und wohnt in einem Körper.

Für alle drei Ebenen gilt das Gleiche: richtige Ernährung.

Eine entscheidende Frage, die so oft nicht gestellt wird und über die wenig Bewusstsein entwickelt ist:

„Was lassen wir in unser ‚System' hinein?"

Der Menschenspezialist ... Gesundheit für Körper, Seele und Geist

Womit ernähren wir unseren Körper, unsere Seele und unseren Geist? Das ist allein unsere Entscheidung und davon hängt ab, ob wir gesund sind.

Unser Ansatz für Gesundheit heißt:

Alle drei Ebenen müssen zuerst entgiftet und dann dauerhaft richtig ernährt werden, damit sie „Power" haben, um sich wirkungsvoll zu bewegen – sprich: In der Lage sein, das Leben zu meistern.

Unsere Seele (Verstand, Wille, Gefühl) wird durch die Aufnahme von negativen Informationen vergiftet. „Bad news sell" sagen viele Medienunternehmer und unsere Zeitungen und Zeitschriften sind voll davon. Das ist meiner Meinung nach verantwortungslos den Menschen gegenüber, die sie Kunden nennen.

Die Beschäftigung mit negativer Information führt die Menschen in Angst, Sorge, Depression, Ärger, Kritiksucht, Fehlersuche, Schuldzuweisungen.

Angst und Sorge lähmen. Die Auswirkungen der Aufnahme negativer Informationen **kostet** Power (Freude, Zuversicht, Entschlusskraft, Handlungskraft) und schwächt die Attraktivität und damit die Anziehungskraft auf andere Menschen. Daher ist es genauso wichtig, unsere Seele zu entgiften.

Entgiften der Seele heißt: negatives Denken raus, Abhängigkeitsdenken raus, Sorgen und Ängste raus. Möglichkeitsdenken und neue Perspektiven rein.

Alles ist möglich dem, der glaubt. Was du glaubst, das geschieht. Was du in Gedanken sehen kannst, das wirst du auch erleben.

Stellen Sie sich bewusst die Frage: Womit ernähre ich meine Seele?

Welche Informationen nehmen Sie über den Tag hinweg, über das Jahr hinweg auf?

Neue Perspektiven für Ihre Zukunft

Welchen Gedanken geben Sie die Erlaubnis gedacht zu werden? Sie haben die Macht zu entscheiden, was Sie denken! Ja, Sie können zu gewissen Gedanken sagen: „Dich denke ich nicht."

Womit „füllen" Sie Ihre Seele?

Womit beschäftigen Sie sich in Ihren Gedanken? Was bewegen Sie so zwischen Ihren beiden Ohren?

Das sind die entscheidenden Fragen des Lebens und die Antwort darauf, warum Ihr Leben heute so ist, wie es ist.

Der Input bestimmt den Output. Daran lässt sich nicht rütteln. Wir müssen wieder lernen, unsere Seele bewusst mit aufbauenden, ermutigenden Inhalten, Worten, Bildern zu nähren.

Wir müssen wieder lernen, Kontrolle über unsere Informationsaufnahme und unsere Gedanken auszuüben. Unseren Input selbst bestimmen, nicht der Mülleimer der Massenmedien zu werden.

Das heißt, das Bewusstsein entwickeln, dass auch unsere Seele richtig ernährt sein will. Davon hängt ab, wie unsere Zukunft aussieht.

Denn: Unser heutiges Leben ist die automatische Folge unserer bisherigen Informationsaufnahme, unserer bisherigen Gedanken und den daraus resultierenden bisherigen Entscheidungen.

Unsere Seele muss sich bewegen. Den Gedanken folgen Worte. Den Worten folgen Entscheidungen. Den Entscheidungen folgen Handlungen. Und unsere Handlungen bestimmen unsere Zukunft.

„Handelt danach und ihr werdet leben!", sagt uns die Bibel.

Geist und Seele sind nicht dasselbe. Zum leichteren Verständnis kann als Vergleich der Computer dienen. Der Geist ist das Betriebssystem des Menschen. Die Seele (Verstand, Wille, Gefühl) ist die Software. Der Körper ist die Hardware.

Wenn Geist und Seele des Menschen nicht wirklich kompatibel sind, leidet der Output darunter. Manchmal ganz gewaltig. Wir brauchen für unsere Seele das **richtige** Betriebssystem: ein Leben unter der Autorität Gottes und in unserer gottgegebenen Berufung.

Dafür braucht unser Geist „Befreiung" und „Entgiftung" von falschen Vorstellungen, insbesondere darüber, wer Gott ist. Frei werden von jeglicher Form toter Religion. Gott ist nicht tot, Gott lebt.

Gott ist nicht religiös und hat auch keine Organisationen oder Religionen geschaffen, sondern eine Familie. Er ist unser Vater und wir sind seine Kinder. Das reicht doch, oder?

Ein neuer Weg: Werden Sie Menschenspezialist, aber wie ...?

Ein neuer Weg: Werden Sie Menschenspezialist, aber wie ...?

Es beginnt damit, dass Sie gezielt in sich selbst investieren. Das ist nicht egoistisch, sondern weise. Was Sie nicht haben und was nicht in Ihnen ist, können Sie nicht weitergeben. Niemand kann geben, was er nicht hat. Das sagt uns doch der Hausverstand.

Jeder Mensch ist und hat eine Botschaft.

Die entscheidende Frage der Zukunft wird nicht sein: „Welches Produkt wollen Sie verkaufen?"

Die entscheidende Frage wird sein: „Was ist Ihre Botschaft für die Menschen?"

Wenn eines Tages eventuell einmal alles in Schutt und Asche liegen sollte – was wir nicht wissen – dann interessiert nicht mehr besonders, was Sie zu verkaufen haben, sondern die Zukunft wird dann jenen Menschen gehören, die für andere Menschen eine ermutigende, inspirierende, auferbauende, stark machende Botschaft haben.

Menschenspezialisten sind in der Lage, sich in andere Menschen zu investieren. Sie säen gute Samenkörner. Sie erreichen andere Menschen in ihrem Herzen – in ihren Träumen und Visionen. Sie inspirieren und ermutigen andere Menschen. Sie denken anders, sie sprechen anders und sie handeln anders. Um sie herum entsteht ein angenehmes Wachstums-Klima.

JA, ErVOLLg beginnt zu Hause. Zwischen Ihren beiden Ohren und in Ihrem Herzen.

Egal, in welcher Branche Sie tätig sind, Sie können ein Teil der „Umdenk-Akademie®" sein. Entscheidend sind ausschließlich Sie, Ihre Ziele und Wünsche. Nur danach richtet sich Ihr persönlicher Weg. Es geht nämlich um Ihre Berufung, um Ihre Träume, Visionen und Ziele und wir helfen Ihnen gerne dabei, dass diese Wirklichkeit werden.

Den Menschenspezialisten gehört die Zukunft. Sie werden in allen Bereichen unseres Lebens, in Familie, Gesellschaft, Wirtschaft und

Neue Perspektiven für Ihre Zukunft

Politik dringend benötigt. Wir lehren die Menschen, wie sie ihre persönliche Attraktivität ständig erhöhen und dadurch immer mehr Anziehungskraft auf andere Menschen – insbesondere auf ihre Zielgruppe – ausüben.

Bauen Sie Stück für Stück Ihr eigenes „Netzwerk" an persönlichen und tragfähigen Beziehungen. So entwickelt sich Gemeinschaft. Beginnen Sie in Ihrer nächsten Umgebung. In Ihrer Ehe, in Ihrer Partnerschaft, in Ihrer Familie und unter Ihren Freunden und Bekannten. Als Chef, als Führungskraft oder als Mitarbeiter in Ihrer Firma – es funktioniert immer und überall.

Ganz gleich, wie Ihre heutige Situation aussieht. Nutzen Sie Ihre Chance zur positiven Veränderung. Es beginnt mit Umdenken. Denn – nur wer aufgibt, hat bereits verloren!

Und nochmals: Jede Veränderung beginnt bei Ihnen! Nirgendwo anders. Angefangen mit Ihrem Denken, dann mit Ihrem Sprechen und dann in Ihrem Handeln.

>>> Wenn Sie sich in dieses „belebende" Gedankengut hineinbegeben und sich danach ausstrecken, ein neues Bewusstsein über Ihre Talente und Möglichkeit zu erlangen ...

>>> Wenn Sie beginnen darüber nachzudenken, wie Sie mit Ihrem Tun anderen Menschen den größtmöglichen Nutzen bieten können ...

>>> Wenn Sie Ihre Einzigartigkeit entdecken, an Ihrer „Personal Brand" (persönlichen Marke) arbeiten und beginnen, in Ihre persönliche Berufung hineinzuwachsen ...

... dann werden Sie für die Menschen in Ihrer Nähe und für alle, denen Sie jeden Tag begegnen, **attraktiv** sein und um Sie herum beginnt es zu **blühen**.

Herzlichen Glückwunsch, Sie haben begonnen Menschenspezialist® zu werden!

Empfehlungsmarketing – der Weg für Menschenspezialisten

Neue Perspektiven für Ihre Zukunft

Empfehlungsmarketing ist die emporkommende Wirtschaftsform zu Beginn des 21. Jahrhunderts. Nirgendwo können sich Menschenspezialisten einfacher und leichter entwickeln als in dieser Branche.

Fachleute sagen: Empfehlungsmarketing als Wirtschaftsform ist die Antwort auf die Herausforderungen der heutigen Gesellschaft. Unsere Gesellschaft ist das Spiegelbild der wirtschaftlichen Entwicklung der letzten dreißig bis vierzig Jahre in unserem Land. Es ging immer um Geld und Geld und Geld und weniger um den Menschen und die Frage: **Was wird** aus diesem Menschen?

Einerseits kennen wir die Schlagworte „Globalisierung", „Auslagerung von Arbeitsplätzen in Billig- und Niedriglohnländer", „Verlagerung der wirtschaftlichen Aktivitäten in die aufstrebenden Regionen des Ostens".

Auf der anderen Seite, wenn wir betrachten, wie sich die Gesellschaft in Mitteleuropa entwickelt, spüren wir in diesem Bereich verstärkt die Tendenz zur Auflösung traditioneller Strukturen und die enorme Konzentration der Wirtschaftsmacht bei internationalen Konzernen. Der Mittelstand – die früher tragende Säule unserer Wirtschaft und das Rückgrat unserer Gesellschaft – kommt immer mehr unter Wettbewerbsdruck. Manchmal gewinnt man sogar den Eindruck, dass das sogar gewollt ist. Hier müssen wir gegensteuern.

Gleichzeitig steigt die Lebenserwartung der Bevölkerung rapide an, sodass mit den bekannten Modellen der Alterssicherung, ob nun staatliche Rentenversicherung oder private Vorsorge, für viele Bürger nicht mehr die erforderliche Absicherung gefunden werden kann.

In diesem Szenario taucht nun das Empfehlungsmarketing auf, und es ist für viele Betroffene in vielerlei Hinsicht schlichtweg die Antwort und ein neuer Weg. Denn es geht hier um persönliche Beziehungen, und je älter jemand ist, umso reicher ist er wahrscheinlich an tragfähigen persönlichen Beziehungen. Und diese über Jahrzehnte aufgebauten

Beziehungsfelder sind im Empfehlungsmarketing der beste Aktivposten, den sie haben können.

Diese neue Wirtschaftsform öffnet vielen Menschen die Möglichkeit, Gesundheit und Wohlstand bis ins hohe Alter, ja selbst ins höchste Alter zu genießen.

Die wirtschaftliche Grundlage bietet ein neues „Handelsmodell". Der Handel gilt als einer der größten Wirtschaftssektoren überhaupt. Es geht darum, Waren vom Erzeuger oder Hersteller zum Endverbraucher zu bringen.

Dieser Vorgang organisiert sich Schritt für Schritt neu.

Das alleine betrachtet ist schon beachtlich. Hinzu kommt, dass sich bei guten Unternehmen innerhalb dieser Branche die Möglichkeit bietet, auf selbstfinanzierter Basis eine optimale Gesundheitsvorsorge wahrzunehmen. So werden Fitness und Gesundheit für viele Menschen finanziell erschwinglich. Nebenbei werden die Krankenkassen und das Sozialsystem spürbar entlastet und das Gesundheitssystem stabilisiert.

Das Empfehlungsmarketing funktioniert auf der Beziehungsebene – von Mensch zu Mensch. Niemand ist gerne allein.

Empfehlungsmarketing wirkt den allgemeinen Trends „Cocooning und Clanning" entgegen.

Es führt Menschen aus ihrem Alleinsein, ihrer Einsamkeit und auch aus ihren geschlossenen Systemen, ihren eingefahrenen Gleisen heraus und öffnet neue Perspektiven und neue Formen des Zusammenkommens und Zusammenarbeitens.

Empfehlungsmarketing ist ein Weg, der es allen Beteiligten ermöglicht, in einer echten Win-Win-Win Situation, Gesundheit und Wohlstand zu erreichen, miteinander zu verbinden und abzusichern.

Neue Perspektiven für Ihre Zukunft

Gerade weil es sich beim Empfehlungsmarketing um ein Geschäft von Mensch zu Mensch handelt, sind genau hier die Fähigkeiten, die ein Menschenspezialist® entwickelt, von besonderer Bedeutung. Nirgendwo anders als im Empfehlungsmarketing können sich Menschenspezialisten so gut einbringen, so gut multiplizieren und damit das Ziel erreichen, andere Menschen in ihre Berufung zu führen.

Sie können sich als Menschenspezialist® multiplizieren – und so werden Sie zum **sich multiplizierenden Menschenspezialisten**.

Die Vertriebswege der traditionellen Wirtschaft, das klassische Network- und das Empfehlungsmarketing

Neue Perspektiven für Ihre Zukunft

In den zurückliegenden Jahren waren es insbesondere die Herstellungs-, Beschaffungs-, Logistikprozesse, die auf den Prüfstand für Verbesserungen und Einsparungen kamen.

Zwischenzeitlich sind auch die Verwaltungs- und Vertriebsstrukturen ins Fadenkreuz der Reformer gerückt. Dies wird natürlich auch Einfluss auf die Vertriebswege haben.

Stellen wir uns im Rahmen unseres Themas die Frage:

„Auf welchen Wegen gelangen Waren, insbesondere die sogenannten Dinge des täglichen Bedarfs vom Hersteller zum Kunden?"

Ein uns allen bekannter Vertriebsweg führt über den **Einzelhandel**.

Das Produkt wird vom Hersteller über den Großhandel, den Zwischenhandel und den Einzelhandel zum Endverbraucher gebracht. Früher waren es im Lebensmittelbereich die „Tante Emma Läden". Heute sind es Lebensmittelketten wie ALDI, LIDL, REWE, EDEKA, DM etc.

Ein anderer Vertriebsweg ist der **Direktvertrieb**.

Hier werden die Waren direkt vom Hersteller über einen angestellten oder selbstständigen Verkäufer, Berater oder Repräsentanten an den Endkunden verkauft. Typische Unternehmen im Direktvertrieb sind Vorwerk oder Tupperware.

Diese Vertriebsschiene ist auch in vielen klassischen Network-Marketing-Unternehmen anzutreffen. Auf der einen Seite werden Produkte rabattiert eingekauft und mit Gewinn an die Kunden verkauft. Auf der anderen Seite werden Partner gesucht, die das Gleiche tun und an deren Umsätzen partizipiert dann der Berater, der diese Partner gewonnen hat. Diese Form des Network-Marketing müssen wir jedoch vom reinen Empfehlungsmarketing unterscheiden.

Die Vertriebswege ...

Der Vertriebsweg „Einzelhandel" verursacht hohe Kosten, insbesondere für Werbung, aber auch für Lagerhaltung, Präsentation, Information, Schulung, Transport, Logistik und Löhne. Diese Kosten sind keinesfalls unnötig, sondern einfach „systembedingt" erforderlich, um einen kontinuierlichen Abverkauf und Versorgung zu sichern.

Lassen Sie uns dies an einem Beispiel erläutern:

Analysiert man die „Kosten des Vertriebsweges im Einzelhandel", so stellt man fest, dass der Hersteller nur einen relativ kleinen Teil des Verkaufspreises, den der Endverbraucher bezahlt, erhält. Die Höhe fällt natürlich von Produkt zu Produkt verschieden aus. Wir gehen hier einmal von 30 % aus. Die verbleibenden 70 % entfallen auf die oben erwähnten Positionen.

Der Berater oder Repräsentant im Direktvertrieb bekommt für seinen intensiven Einsatz einen Anteil aus dem Endverkaufspreis, der in der Regel abhängig ist von seiner Verkaufsmenge. Gehen wir in unserem Beispiel von 40 % aus.

Er benötigt für seine Verkaufstätigkeit detailliertes Fachwissen über Herstellung, Beschaffenheit und Anwendung der Produkte. Er muss als persönliche Eigenschaft „Freude am Verkaufen" mitbringen und bereit sein, sich immer wieder neue Kunden zu suchen, da er sonst keine Umsätze und Einkommen generieren kann. Hinzu kommt im einen oder anderen Fall das Risiko, das sich aus der Vorfinanzierung der beim Hersteller eingekauften Produkte ergibt. Falls er Staubsauger verkauft, erkennen wir, dass dies kein Verbrauchsprodukt ist, denn ein solcher löst sich am Ende des Monats ja nicht in Staub auf ... Das bedeutet, der Direktvertriebler muss jeden Monat bei NULL beginnen. Immer wieder aktiv verkaufen. Immer wieder neue Kunden suchen. Das ist nicht jedermanns Sache.

Das **Empfehlungsmarketing** — im Gegensatz zum Einzelhandel, Direktvertrieb und dem klassischen Network-Marketing — unterscheidet sich **grundlegend** von diesen klassischen Vertriebsarten.

Beim Empfehlungsmarketing wird **nicht aktiv verkauft** und der Hersteller liefert die Produkte **direkt** an den Endverbraucher.

Sie werden sich fragen, wie soll das funktionieren?

Produkte, die zum Endverbraucher gelangen und nicht verkauft werden?

Das klingt sensationell, oder?

Kann so etwas grundlegend Anderes tatsächlich funktionieren?

Und ... warum tun wir das dann nicht schon längst?

Empfehlungsmarketing ist nicht neu. Wir praktizieren es seit vielen Jahren. Es basiert auf Verhaltensweisen, die wir alle schon immer angewandt haben und immer wieder gerne anwenden ... allerdings mehr oder weniger unbewusst und ohne dafür eine Anerkennung zu bekommen.

Um es bewusst zu machen:

Was machen **Sie**, wenn Sie im Kino einen tollen Film gesehen haben?

Sie erzählen anderen Menschen davon und empfehlen ihn weiter.

Was machen **Sie**, wenn Sie in einem Restaurant so richtig gut gegessen haben?

Sie erzählen es anderen Menschen und empfehlen es weiter.

Sie handeln ebenso, wenn Sie ein gutes Buch gelesen, einen neuen (besseren) Friseur entdeckt, einen Weg gefunden haben, um günstiger zu telefonieren oder etwas einzukaufen – und – und – und. Es ist etwas ganz Normales und Alltägliches.

Welchen Menschen erzählen Sie von Ihren Erlebnissen?

Es sind Menschen, die Sie kennen: Ihre Freunde, Menschen innerhalb Ihrer Familie, im Kollegenkreis in der Firma, Ihren Bekannten im Verein oder Club etc.

Es sind Menschen, die Sie kennen und denen Sie etwas Gutes tun wollen. Sie würden diesen Menschen niemals etwas weiterempfehlen, wovon Sie persönlich nicht überzeugt sind.

Das Einzige – und wirklich nur das Einzige – was Sie tun, ist: Sie erzählen es Menschen, die Sie kennen weiter.

Sie erzählen einfach anderen Menschen davon, wie gut z. B. die Produkte Ihrem Körper tun. Oder Sie erzählen einfach anderen Menschen, wie schön es ist, dass Sie jetzt wo dabei sind und da sogar ein paar hundert Euro pro Monat – ganz einfach – dazuverdienen und wie das Ihr Leben verändert hat.

Oder Sie erzählen einfach anderen Menschen, wie schön es ist, dass Sie jetzt viele neue Freunde gefunden haben, die sie immer wieder treffen und so richtig gute persönliche Beziehungen entstehen.

Genau das ist das Grundprinzip des
Empfehlungsmarketings!

Ganz natürlich und ganz einfach. Auf dieser Grundlage ist das Empfehlungsmarketing aufgebaut. Alles Weitere sind Optimierungen, um die besten Voraussetzungen für die Wirkungsweise zu schaffen und das Lernen von den Erfahrungen anderer.

Empfehlungsmarketing funktioniert ganz einfach so: Sie sind von etwas so begeistert, dass Sie den Mund nicht halten können und es einfach gerne weitererzählen. „Wessen dein Herz voll ist, geht dein Mund –

Neue Perspektiven für Ihre Zukunft

einfach – über." Sie können es gar nicht für sich behalten, weil Sie selbst davon begeistert sind. Es ist so einfach erVOLLgreich zu sein.

Und darüber hinaus passiert etwas Großartiges. Ihre Persönlichkeit entfaltet sich, Sie beginnen Dinge zu sehen, die Sie bisher nicht gesehen haben. Sie beginnen Dinge zu erleben, die Sie bisher nicht erlebt haben. Sie erkennen, dass das Leben noch viel mehr zu bieten hat, als Sie bisher geglaubt haben.

Empfehlungsmarketing-Systeme – richtig gemacht und im richtigen Geist gelebt – sind auch die Erwachsenenbildungs-Organisationen der Zukunft, die sich ganz einfach finanzieren mit Produkten des täglichen Bedarfs, die man sowieso irgendwo kaufen müsste. Und es geht hier vor allem um die Entfaltung Ihrer Persönlichkeit – was ja auch zu Gesundheit für Körper, Seele und Geist dazugehört.

Grundsätzliche Informationen zum Empfehlungs-Marketing

Neue Perspektiven für Ihre Zukunft

Ich bin seit über 30 Jahren in den USA tätig, davon über 20 Jahre als Wirtschaftsjournalist, und habe mich als solcher ganz besonders mit Themen der aus den USA kommenden Wirtschaftsrevolution der Jahrtausendwende beschäftigt.

Dabei habe ich auch das Thema Network-Marketing, Empfehlungsmarketing, Direktvertriebe usw. unter die Lupe genommen. Ich habe mich selbst in fast 30 Firmen als Geschäftspartner, Franchisenehmer, Kunde einschreiben lassen, Dutzende Vergütungspläne studiert, deren Schulungssysteme erlebt und vor allem hat mich interessiert, was aus den Menschen wird, die sich damit beschäftigen. In den letzten 10 Jahren habe ich zudem bei beinahe allen namhaften in Deutschland tätigem Network-Unternehmen als Speaker gesprochen. Ich kenne die Branche wirklich gut.

Innerhalb dieser Branche gibt es auch in Deutschland viele Unternehmen, die sich jedoch bei näherer Betrachtung zum Teil gravierend voneinander unterscheiden.

Wenn Sie sich generell für Network-Marketing näher interessieren, sollten Sie Ihr Augenmerk darauf richten, welche Art wohl am besten zu Ihnen passt. Dies gilt es genau zu prüfen und herauszufinden.

Nachfolgend einige Ausführungen, die Ihnen Orientierung geben und Ihnen helfen sollen, die für Sie beste Entscheidung zu treffen.

Im ersten Schritt sind es 4 Hauptpunkte/Säulen, die für eine Vorauswahl wichtig sind:

Grundsätzliche Informationen zum Empfehlungs-Marketing

1. Das Unternehmen

- Um was für ein Unternehmen handelt es sich? Konzern oder Mittelständler?
- Wem gehört das Unternehmen? Einem Visionär oder einem Hedgefonds?
- Kann man diese Visionäre auch persönlich kennenlernen?
- Wie häufig wechselt in diesem Unternehmen das Management?
- Stehen immer wieder neue Leute vorne als Führungskräfte oder hat visionäre Leadership wirklich Kontinuität? Davon hängt ab, welcher Geist im Unternehmen wirklich gelebt wird.
- Wie lange existiert das Unternehmen?
- Welches Image hat das Unternehmen in Deutschland?
- Führt Sie eine Zusammenarbeit in Ihre persönliche Berufung?
- Welche Interessen stehen im Vordergrund?
- Was wird letztendlich belohnt?

2. Der Markt

- In welchem Markt ist das Unternehmen tätig?
- Passt dieser Markt zu Ihnen?
- Ist es ein Wachstumsmarkt?
- Wie sehen die Zukunftsperspektiven aus?

Neue Perspektiven für Ihre Zukunft

3. Die Produkte

- Um welche Produkte handelt es sich?
- Wer braucht diese Produkte?
- Sind es Verbrauchsprodukte, die einen kontinuierlichen Umsatz generieren?
- Gibt es einen automatischen, monatlichen Lieferservice?
- Welchen Nutzen bieten diese Produkte?
- Sind die Produkte zukunftsfähig?
- Sind diese Produkte vielleicht sogar einzigartig?
- Ist diese Marke auch im traditionellen Handel zu haben?

4. Der Marketing- oder Vergütungsplan

- Wie sieht der Marketing-/Vergütungsplan konkret aus?
- Ist er verkaufs- oder empfehlungsorientiert?
- Was wird besonders belohnt?
- Wird die Unterstützung neuer Partner belohnt oder in erster Linie nur das Gewinnen neuer Partner?
- Ist es ein Leadership-Modell oder nur eine Verkaufsorganisation?
- Verdient die Mehrheit der Partner oder verdienen nur wenige?

Wenn Sie aufgrund dieser und ähnlicher Fragen sich ein erstes Bild gemacht haben, lohnt es sich weitere Details ins Blickfeld zu rücken.

Grundsätzliche Informationen zum Empfehlungs-Marketing

- **Ist das Unternehmen ein „Sales Club" oder ein „Consumer Club"?**

  Ist das Unternehmen „verkaufsorientiert" oder „empfehlungsorientiert"? Das ist eine der wichtigsten Fragen überhaupt!

  Woran erkenne ich die „Empfehlungsorientierung"?

  Wird den Menschen tatsächlich gedient, d. h. sind die Endverbraucher auch vom Produkt begeistert oder geht es in erster Linie um das Finden neuer Geschäftspartner?

  Wie groß ist die „Ausfallrate", d. h. wie viele Menschen hören nach kurzer Zeit wieder auf, die Produkte bzw. Leistungen in Anspruch zu nehmen?

  Wie stabil ist die Struktur? Fallen mitunter ganze Linien (Beine) weg?

- **Welches „Klima" herrscht in der Organisation?**

  Trifft sich eine „Großfamilie" und ist die Atmosphäre geprägt von gegenseitiger Liebe, Wertschätzung und natürlicher Freude?

  Begegnet man sich von „Herz zu Herz" oder werden Sie „nur motiviert" oder oder gar fremdgesteuert?

  Haben Sie das Gefühl, dass Sie hier auch eine Art „Heimat" finden, eine Atmosphäre, wo man so richtig aufblühen kann?

  Steht bei den Veranstaltungen das Thema Geld im Vordergrund oder das Thema Mensch und seine Persönlichkeits-Entfaltung?

  Sind die Menschen im Unternehmen selbst begeistert oder erleben Sie hauptsächlich „Star-Allüren" einzelner?

  Wie „nahbar" sind die Menschen im Unternehmen?

- **Wie sieht das „Schulungskonzept" aus?**

  Liegt der Schwerpunkt auf „Produktwissen" und „Verkaufstraining"?

  Oder werden Sie als Mensch aufgebaut und der Schwerpunkt liegt darauf, dass sich Ihre Persönlichkeit entfalten kann und Sie in Ihre Berufung finden?

  Entwickelt das Schulungskonzept Ihre „innere Motivation"?

  Spüren Sie, dass in Ihnen „Begeisterung" entsteht – dabei meine ich nicht „Geldgier"?

- **Wie „fair" ist der Vergütungsplan?**

  Wie lange dauert es, bis sich ein „Starter" ein Einkommen aufbauen kann?

  Natürlich hängt der individuelle Erfolg direkt vom persönlichen Engagement und besonders am Anfang von der Unterstützung Ihres Sponsors (d. h. der Person, die Ihnen dieses Konzept vorgestellt und Sie dafür gewonnen hat) ab. Im Normalfall sollte es jedoch so sein, dass ein engagierter „Starter" nach sechs Monaten eine monatliche Provisionszahlung in Höhe von mindestens 300 bis 500 Euro erhält, kontinuierlich und weiterwachsend.

Grundsätzliche Informationen zum Empfehlungs-Marketing

- **Stimmt die „Geschäftsidee" als Voraussetzung für erfolgreiches Empfehlungsmarketing?**

    Drei Punkte sind von entscheidender Bedeutung:

    1.) Die Produkte und Leistungen werden im Idealfall von jedem Menschen benötigt und nachgefragt ... **Jeder braucht das Produkt oder die Dienstleistung.**

    2.) Wenn nicht ständig „nachgefasst oder verkauft" werden soll, muss das Produkt ein **Verbrauchsgut** sein, das im Idealfall am Ende des Monats aufgebraucht ist, sodass über eine Art Abonnement die automatische Nachversorgung erfolgt.

    3.) Die Leistung und das Verbrauchsgut sollte eine hohe Zukunftsfähigkeit haben und daher in einem **Wachstumsmarkt** angesiedelt sein.

    Wenn diese drei Punkte zutreffen, dann haben Sie beste Chancen erfolgreich zu werden.

Das Thema der Zukunft: Gesundheit für Körper, Seele und Geist

Das Thema der Zukunft: Gesundheit für Körper, Seele und Geist

Die 9-Felder-Matrix gibt uns einen Überblick. Der Mensch ist Geist, hat eine Seele und wohnt in einem Körper. Unsere Fitness, unser körperliches Wohlbefinden und unsere Leistungsfähigkeit halten wir aufrecht, wenn wir unseren Körper entgiften und entschlacken, uns von Schadstoffen befreien, uns gesund ernähren und regelmäßig bewegen.

Genauso wichtig ist jedoch, dass es unserer Seele wohl geht, wir mental fit sind. Auch unsere Seele braucht Nahrung – und zwar gesunde, aufbauende Nahrung, damit es ihr wirklich gut geht.

Unsere Seele ist unser Verstand, unsere Gefühle und unser Wille. Unserer Seele geht es nur wirklich gut, wenn sie von einem gesunden Geist gesteuert ist, das heißt auf dem richtigen „Betriebssystem" läuft.

Das liegt allein in Ihrer Hand und Ihrer Verantwortung. Ebenso ist entscheidend, wie Sie mit Ihrer Zeit umgehen und für was Sie diese einsetzen. Der Input bestimmt den Output. Auf den Output – die Früchte – kommt es an. In jedem Unternehmen genauso wie in Ihrem Leben.

Jede Veränderung beginnt bei Ihnen und bei der Entscheidung, für was Sie Ihre Zeit einsetzen. Man kann seine Zeit vergeuden oder seine Zeit mit etwas vertreiben oder verbringen. Man kann seine Zeit verkaufen oder noch besser, seine Zeit investieren.

Beginnen Sie damit, in sich persönlich **Zeit** zu investieren. Entdecken Sie, wer Sie wirklich sind. Beschäftigen Sie sich mit Ihren Talenten, Ihrer Vision, Ihren Zielen und Wünschen.

Fassen Sie Mut, Dinge zu tun, die Sie bisher nicht getan haben, um Ergebnisse zu erzielen, die Sie bislang nicht erreicht haben. Meistern Sie in neuer Selbstverantwortung und mit neuem Selbstbewusstsein Herausforderungen, an die Sie sich bislang nicht herangewagt haben.

Neue Perspektiven für Ihre Zukunft

Wie? Indem Sie „Gute Nachricht" in sich aufnehmen. Gute Nachricht, die Sie von innen heraus, in Ihrem inneren Sein aufbaut. Keine von außen an Sie herangetragene, aufgesetzte, methodische Motivation, sondern innere Stärke und Stehvermögen, die Ihnen hilft und Kraft gibt, die richtigen Entscheidungen für ein **„erVOLLgreiches Leben"** zu treffen.

Omen est nomen. Der Verlag Gute Nachricht versorgt Sie mit «Guter Nachricht». Unser Motto heißt: Gute Nachricht – und Ihre Zukunft ist gesichert.

Wir bringen Ihnen „Gute Nachricht" in Form von Vorträgen, Veranstaltungen, Seminaren der **www.umdenk-akademie.de**, Büchern, DVDs, CDs und sonstigen Tools. Medien, die inspirieren und Veranstaltungen, die ermutigen und Sie zu neuer Kraft führen. Unsere Botschaften sind für Ihr Herz geschrieben oder gesprochen. Nicht für Ihr Hirn. Wir kommunizieren von Herz zu Herz. Diese Botschaften inspirieren Sie, damit das bereits vorhandene Wissen wieder gezielt nutzbar und wirksam wird.

Wie setze ich meine persönliche Erfolgsspirale in Gang?

Neue Perspektiven für Ihre Zukunft

Unten ist die Erfolgsspirale abgebildet. Die Aufgabenstellung heißt: Wie wird aus dieser Erfolgsspirale **Ihre persönliche ErVOLLgsspirale?**

Sehen Sie die Abbildung wie eine Anleitung oder Gebrauchsanweisung. Sie zeigt die generelle Richtung auf.

Quelle: Wolfgang Mewes

Es gibt nur eine verlässliche Logik für nachhaltigen Unternehmenserfolg. Einer Gruppe von Menschen besser zu bedienen, als das Ihre Mitbewerber können. Echte Erlebnisse bieten.

Kundenerlebnis, Kundennutzen und **Wettbewerbsfähigkeit** sind die relevanten Orientierungsgrößen für Unternehmenserfolg. Völlig gleichgültig, ob Konzern oder Einzelunternehmen. Die Prinzipien der

Wie setzte ich meine persönliche Erfolgsspirale in Gang?

naturkonformen Strategie sind die gleichen, ob es sich um einen großen Baum (Konzern) oder um einen kleinen Baum (Einzelunternehmen) handelt.

Beginnen Sie. Es kommt nicht darauf an „perfekt" zu sein. Oft bringt bereits ein erster Schritt in die richtige Richtung den Stein ins Rollen.

Je mehr Sie sich auf diesen kybernetisch wirkungsvollsten Punkt in der Mitte konzentrieren, umso schneller setzen Sie diese ErVOLLgsspirale in Bewegung. Wenn Sie bereit sind, Ihr Leben, Ihre Talente und Ihre einzigartige Problemlösungsfähigkeit – gepaart mit dem Geist der Liebe – in andere Menschen zu investieren, können Sie gar nicht anders als erVOLLgreich sein, weil das Gesetz der Kybernetik automatisch für Sie arbeitet – auch während Sie schlafen. („Den Seinen gibt's der Herr im Schlaf." Das haben Sie sicherlich schon gehört.)

Wenn Sie aber weiterhin Ihre egoistischen Ziele vordergründig im Auge haben und verfolgen, d. h. dem Streben nach Geld, der Gier nach Reichtum oder sonstigen egoistischen Zielen Ihr Leben widmen, müssen Sie damit rechnen, dass diese kybernetischen Gesetzmäßigkeiten nicht für Sie arbeiten. Niemand wird Ihre Nähe suchen, weil Sie reich werden wollen. Schon gar nicht, wenn Sie es auch noch immer wieder betonen oder man die Dollarzeichen in Ihren Augen sehen kann.

Für Existenzgründer: Empfehlungs-Marketing im Vergleich zu anderen Möglichkeiten der Selbstständigkeit

Es geht in diesem Buch schließlich um „Neue Perspektiven für Ihre Zukunft" und jetzt haben Sie schon einiges über Empfehlungsmarketing erfahren.

Spätestens dann, wenn Sie beginnen für Ihre geplante Selbstständigkeit einen konkreten Businessplan auszuarbeiten, werden Sie sich u. a. zu nachfolgend aufgelisteten Inhalten Gedanken machen.

Als Hilfestellung sprechen wir für die praktische Umsetzung in Kurzform nur einige der wichtigsten Punkte an. Bitte gehen Sie mit Ihren Planungen soweit wie möglich und vor allem so weit wie nötig ins Detail, um eine vollständige und realistische Sicht Ihres Vorhabens zu erhalten.

Planen Sie auch Abweichungen bis hin zum „worst case".

Wenn Sie Fremdkapital benötigen, wird man Ihnen diese Fragen sowieso sicher stellen. Wenn Sie Eigenkapital einsetzen, dann sollten Sie Ihr Geld ja auch nicht schlechter behandeln als das Geld anderer (Fremdkapital) und sich daher auch die gleichen Fragen stellen.

Sie werden gravierende Unterschiede und **enorme Erleichterungen** erkennen, die Ihnen die Selbstständigkeit in einem Empfehlungsmarketing-Unternehmen (Fertigexistenz) gegenüber einer Selbstständigkeit in gänzlich eigener Regie bietet.

Vision

Was ist Ihre Vision?

Wem – welchem Personenkreis – nützt sie und wie?

Vielleicht können Sie diese in Verbindung mit der Umdenk-Akademie® leichter erreichen?

Sinn und Ziel Ihres Unternehmens

Was ist der Sinn Ihres Unternehmens und welches Ziel wollen Sie erreichen?

Mit der Beantwortung/Ausarbeitung der vier folgenden Fragen können Sie Ihre Vision konkretisieren und damit Sinn und Ziel Ihres Unternehmens festlegen.

Was tut das Unternehmen?

Für wen tut es das Unternehmen?

Wie tut es das Unternehmen?

Warum tut es das Unternehmen?

Ist die Zielgruppe dieses Unternehmens auch jene Gruppe von Menschen, zu der Sie sich „menschlich" hingezogen fühlen?

Attraktivität/Marktchance Ihres neuen Unternehmens

Welche einzigartige Attraktivität bieten Sie, insbesondere auch gegenüber Angeboten, die bereits am Markt sind?

Was können Sie, was andere nicht können?

Oder: Was sind die Hauptstärken Ihres Unternehmens und welcher besondere Nutzen lässt sich für Ihre Kunden daraus ziehen?

Was ist das spezielle Know-how und welche Marktchancen ergeben sich aus Ihrer Sicht?

Wie werden Sie Ihrer Zielgruppe ein ganz besonderes, attraktives Erlebnis bieten?

Produktangebot

Wie sieht Ihr Produkt- und Dienstleistungsangebot in der Startphase aus?

Ist es marktreif und getestet?

Welche Produkte sollten und wollen Sie noch anbieten?

Welchen Aufwand und Anstrengung verursacht das?

Beschaffung/Lieferanten

Wer sind Ihre Hauptlieferanten für Ihre Produkte und Dienstleistungen?

In welcher Beziehung stehen Sie zu ihnen?

Wie aufwendig ist die Beschaffung und welche Risiken/Abhängigkeiten könnten entstehen?

Mitarbeiter

Benötigen Sie Mitarbeiter für Ihr Unternehmen?

Wenn ja, welche und mit welchen Qualifikationen?

Welche Aufgaben und Verantwortungen übernehmen diese?

Kapital und Finanzen

Wie stellt sich Ihre Eröffnungsbilanz – die Gegenüberstellung von Vermögen (Aktiva) und Verbindlichkeiten (Passiva) – dar?

Wie sieht Ihre operative Planung im 1. Jahr und in den nächsten beiden Folgejahren aus?

Erstellen Sie einen G + V Plan mit entsprechenden Unterplänen (Umsatz, Materialeinsatz, Kosten, also eine Gewinn-und-Verlust-Rechnung).

Über welches freie Eigenkapital verfügen Sie?

Benötigen Sie Fremdkapital? Wenn ja, wie viel für:

- Anlagevermögen, Investitionen
- Umlaufvermögen, Liquidität für Lieferantenverbindlichkeiten und Forderungen, Vorfinanzierung Ihrer Leistungserbringung (Löhne, laufende Kosten, ...)
- Wie hoch sind die fixen Kosten Ihres Unternehmens?
- Über welche freie Sicherheiten verfügen Sie?

Startkosten/Anlaufkosten

Die Erfahrung zeigt, dass die Start- und Anlaufkosten häufig unterschätzt werden.

Also, mit welchen Start- und Anlaufkosten sind zu rechnen, wenn Sie Ihre geplante Selbstständigkeit ins Auge fassen?

Dazu gehört auch die erste Geschäftsausstattung, z. B. die Kosten für die Ausarbeitung und das Erstellen Ihrer Geschäftspapiere, Ihrer Werbemittel und Verkaufsunterlagen und Ihres Internetauftrittes, etc.

Ebenso die Einrichtung für Telekommunikation, IT und sonstiger Voraussetzungen wie Büro- und Lagereinrichtung.

Gewinnchance/Zukunftsfähigkeit

Wenn Ihre Ausarbeitungen abgeschlossen sind: Wie beurteilen Sie Ihr Wagnis, Ihr Risiko, Ihre Gewinnchance und die Zukunftsfähigkeit Ihres Unternehmens?

Welche Deckungsbeiträge und Gewinne sind realistisch?

In der Startphase der ersten drei Jahre und dann später?

Wie sieht die Gewinnchance Ihres Unternehmens aus?

Wie lange wird es dauern, bis Ihr neues Unternehmen in der Gewinnzone ist?

Welchen Betrag müssen Sie ggf. vorhalten oder vorfinanzieren?

Wie sieht Ihre Kostenstruktur aus?

Veränderbarkeit, Laufzeiten, Verpflichtungen, die Sie eingehen und auch erfüllen müssen, wenn irgendetwas nicht so läuft, wie Sie es erwartet und geplant haben.

Welche finanziellen Verpflichtungen, insbesondere langfristig, gehen Sie ein?

Welches Risiko bedeutet das für Sie?

Stehen Aufwand und Risiko in einem ausgewogenen Verhältnis zum Ergebnis?

Last but not least: Ihr Zeiteinsatz und Ihre Produktivität

Wer sorgt für den Umsatz? In der Regel und in erster Linie sind das Sie!

Wie viel Zeit können Sie mit Ihren Interessenten und Kunden wirklich verbringen?

Das ist in vielen Fällen die entscheidende Frage für Umsatz und Ertrag.

Alle Vorbereitungen, Arbeiten und Nebentätigkeiten, um die Unternehmensleistung vorzuhalten, gehen von der Zeit ab, die Sie mit Interessenten und Kunden verbringen können.

Neue Perspektiven für Ihre Zukunft

Also, wie viel „produktive Zeit" bleibt? Pro Tag – im Monat – im Jahr?

Führen Sie eine Plausibilitätsprüfung durch. Das sind in der Regel einige einfache Multiplikationen und Additionen und schon wissen Sie, ob die „Querrechnung" stimmt.

Bitte vergleichen Sie jetzt ...

Ihre geplante Selbstständigkeit und das Angebot von erprobten Fertigexistenzen.

Was ist tatsächlich „das Beste" für Sie?
Was bringt Sie in **Ihrer Berufung** weiter?
Allein darum geht es!

Vergessen Sie eines nicht: Je mehr Zeit Sie für Menschen haben – insbesondere Ihre Kunden und Geschäftspartner – umso leichter ist es, wirklich erVOLLgreich zu sein.

Appendix für insolvenzgefährdete Menschen bzw. Menschen in Insolvenz

Neue Perspektiven für Ihre Zukunft

Wenn Sie sich in einer persönlichen Insolvenz befinden oder insolvenzgefährdet sind, haben Sie zurzeit Ihre finanzielle Freiheit verloren oder sind zumindest in diesem Bereich stark eingeschränkt. Mehr nicht.

Ihre Talente und Fähigkeiten sind nach wie vor vorhanden.

Auch aus dieser Situation gibt es mit neuer Zielklarheit, Disziplin und Ausdauer Perspektiven und Wege in eine neue finanzielle Freiheit. Also „Kopf hoch" und „Schultern zurück". Gehen Sie aufrecht.

Ich nenne das immer „erVOLLgreich gescheitert!" – Gescheitert kommt von gescheiter geworden, oder? Ich weiß das aus reichlicher eigener Erfahrung.

Die Seminare der Umdenk-Akademie® helfen ganz besonders auch dann, wenn Sie aus dem Mist der Vergangenheit viel Dünger für Ihre Zukunft machen möchten. Ich weiß, wie das geht, weil ich diesen Weg ja selbst immer wieder gegangen bin. Wer viel Mist gebaut hat, hat auch viel Dünger für seine Zukunft – wenn er dafür auch die entsprechende Perspektive hat.

Vielleicht ist es für Sie sogar interessant, sich von der Umdenk-Akademie® zum lizenzierten Umdenk-Trainer® ausbilden zu lassen. Mehr dazu unter **www.umdenk-trainer.de**.

- Das Wichtigste: Nicht „den anderen" die Schuld in die Schuhe schieben, sondern selber die Verantwortung übernehmen und daraus lernen.

- Was mache ich mit meinen bisherigen Misserfolgen?
  Wie mache ich aus dem Mist der Vergangenheit einen Dünger für die Zukunft?

- Wie mache ich aus den Stolpersteinen der Vergangenheit, Sprungbretter für meine Zukunft?

Appendix für insolvenzgefährdete Menschen ...

- Wie kann ich mit den Erfahrungen meiner Vergangenheit heute meine Zukunft sichern?

- Wie schaffe ich den Turnaround aus der Sackgasse in eine „erVOLLgreiche" Zukunft?

- Es gibt ein Leben nach dem Konkurs!
  Vielleicht sogar ein viel besseres als vorher.
  Und es gibt auch ein Leben nach der Scheidung, nach der Kündigung und nach der Arbeitslosigkeit.

- Machen Sie aus Ihrem Scheitern ein „erVOLLgreich gescheitert".
  Das heißt, Sie zeigen allen: Ich bin gescheiter geworden!

Wie geht es weiter?

Wie geht es weiter?

Vielleicht wurden Sie für Ihr aktuelles Geschäft neu inspiriert und ermutigt?

Vielleicht kommt Ihnen Ihre jetzige Situation noch kritischer vor?

Egal, was für Sie zutrifft. Bleiben Sie dran und Sie werden zu positiven Ergebnissen kommen.

Benutzen Sie dieses Buch als „Workbook".

Beginnen Sie sich schriftlich mit den für Sie wichtigen Inhalten und Fragen zu beschäftigen. Vertiefen Sie sich in diese Themen.

Sammeln Sie weitere Fakten. Interviewen und befragen Sie Menschen Ihres Vertrauens.

Sie werden mitunter nicht sofort und zu allen Punkten Antworten finden. Notieren Sie sich Ihre offenen Fragen und suchen/bohren Sie weiter. Es geht um Ihre Zukunft.

Wenn Sie alleine nicht weiterkommen: Melden Sie sich einfach bei uns. **office@wirtschaftsrevolution.de** – Wir helfen Ihnen gerne weiter.

Oder Sie melden sich bei jener Person, die Ihnen dieses Buch gegeben/empfohlen hat.

Am Ende dieses Prozesses werden Sie auf die beiden Alternativen

„Wenn kein Wind geht, dann rudere."

oder

„Wenn dein Pferd tot ist, dann steig ab."

Ihre persönliche Antwort gefunden haben und mit neuer Klarheit und Kraft Ihren weiteren Weg gehen.

Neue Perspektiven für Ihre Zukunft

„Wenn kein Wind geht, dann rudere." bedeutet:

Herzlichen Glückwunsch, Sie haben Ihre Berufung **neu** entdeckt. Gehen Sie mit neuer Klarheit und Kraft konsequent Ihren Weg weiter und Sie werden zu neuen Ufern kommen.

Nutzen Sie die Visionspartnerschaft der **www.umdenk-akademie.de**, um sich immer wieder von uns und den Visionspartnerkollegen ermutigen und inspirieren zu lassen. Bleiben Sie unser Partner, um dieses Gedankengut in die Gesellschaft hineinzutragen.

„Wenn dein Pferd tot ist, dann steig ab." bedeutet:

Sie haben erkannt, dass Sie nicht im Zentrum Ihrer Gaben und Talente gearbeitet haben und Ihr Unternehmen nicht zukunftsfähig ist. Sie brauchen eine neue Perspektive.

Sie waren vielleicht bisher (oder sind noch) in irgendeiner Firma im Angestelltenverhältnis, möchten aber beginnen, für Ihre Zukunft Vorbereitungen zu treffen, um eines Tages Ihr eigenes Unternehmen führen zu können.

Wir können uns vorstellen, dass es nach dem Durcharbeiten dieses Buches – und vielleicht auch nach dem Hören von Audio-CDs oder DVDs von Karl Pilsl – vier Gruppen von Menschen gibt:

Gruppe 1: **Menschen mit einem klaren JA!**

Das Gedankengut der Umdenk-Akademie® ist ein interessantes Angebot für mich.

Da mache ich mit. Ich melde mich zum nächstmöglichen Seminar-Termin an.

Wie geht es weiter?

Gruppe 2: **Menschen mit einem grundsätzlichen JA!**

Die Umdenk-Akademie® oder/und Empfehlungsmarketing ist ein interessantes Angebot für mich. Ich brauche noch weitere Informationen, um mich definitiv zu entscheiden.

Bitte setzen Sie sich mit der Person, von der Sie dieses Buch bekommen oder bei der Sie es gekauft haben, in Verbindung. Falls Sie keinen passenden Ansprechpartner aus den vorgenannten Gruppen haben, nehmen Sie bitte direkt Kontakt mit dem Verlag auf. Wir helfen Ihnen gerne weiter.

Gruppe 3: **Menschen, die erkennen: Ich bin noch nicht soweit!**

Ich bin mir nicht sicher, ob mein Pferd wirklich tot ist.

Vielleicht muss ich noch ein Stück in die richtige Richtung weiter rudern, und es kommt wieder neuer Wind und mein Geschäft blüht neu auf?

Geben Sie sich Zeit und setzen Sie sich nicht unter Druck. Sammeln Sie weitere Informationen, bis die richtige Entscheidung in Ihnen reif wird.

Ein Besuch eines Seminars der Umdenk-Akademie® wird Ihnen dabei ganz sicher helfen, immer mehr Klarheit zu bekommen.

Neue Perspektiven für Ihre Zukunft

Gruppe 4: **Menschen, die erkennen: NEIN!**

Ihr Angebot ist keine Zukunftsalternative für mich.

Finden Sie Ihren ganz spezifischen Platz in Ihrem Leben.

Vielleicht haben Sie schon eine „leise Ahnung" über das, was und/oder worin Ihre Zukunft liegt.

Zusammenfassung

Henry Ford sagte einst: „Ich prüfe jedes Angebot, denn es könnte die Chance meines Lebens sein!"

Die Bibel sagt dazu: „Prüfe alles und behalte das Beste!"

Empfehlungsmarketing ist auf dem Wege, die Geschäftsidee der Zukunft zu werden.

Das Grundprinzip, „seinem Nächsten etwas Gutes zu tun" liegt in der Grundnatur des Menschen. Wir Menschen sind am glücklichsten, wenn wir anderen etwas Gutes getan oder gegeben haben. Dafür braucht es keine Verkaufsschulungen oder Motivationsprogramme.

Die Motivation kommt von innen aus dem Herzen. Empfehlungsmarketing respektiert die Entscheidungsfreiheit des Menschen und drängt niemandem etwas auf. Im Gegenteil, der Vorteil des anderen und seine Interessen stehen im Mittelpunkt des Geschehens.

Auf der anderen Seite kommt auch der Empfehlende nicht zu kurz. Die Empfehlung wird belohnt und trägt Früchte. Die „Dynamik der Multiplikation" trägt Früchte. Lebensziele, die bislang aufgrund fehlender finanzieller Möglichkeiten in unerreichbarer Ferne liegen, rücken in greifbare Nähe.

Das Empfehlungsmarketing wird für viele eine sinnvolle Alternative zur bisherigen Arbeitswelt werden. Gesellschaftliche und wirtschaftliche Faktoren werden den Aufschwung begünstigen.

Was die Zukunftsforscher mit „Cocooning" und „Clanning" bezeichnen – der Schutzraum des eigenen Zuhauses und das stärkere und verbindlichere Zusammenrücken im Freundeskreis, als Familienersatz oder als Ergänzung zur Familie – erhalten und geben weiteren Aufwind.

Neue Perspektiven für Ihre Zukunft

Und last but not least:

Empfehlungsmarketing ist für jeden geeignet. Männer und Frauen, Menschen jeden Alters, jeder Nationalität, jeder Bildung und Herkunft. Jeder praktiziert es bereits heute, jedoch meist unbewusst und ohne Bezahlung. Empfehlungsmarketing ist für alle Beteiligten ein Gewinn. Es gibt keine Verlierer. Niemand zahlt in irgendeiner Form drauf. Es gibt „keinen Haken an der Sache".

Also ... wann geben Sie sich die Chance für ein „erVOLLgreiches Leben?"

Empfehlungsmarketing beginnt man in der Regel zuerst einfach nebenberuflich, ohne auf das sichere Einkommen aus der bisherigen Beschäftigung oder Tätigkeit zu verzichten. Erst wenn man sieht, dass es auch wirklich funktioniert, dann kann man Schritt für Schritt sein Leben immer mehr darauf ausrichten – bis hin zu einem hauptberuflichen Geschäft mit vielen, vielen gleichgesinnten Menschen in der eigenen Organisation (Unternehmen).

Vielleicht sogar ein langsamer, schrittweiser Branchenwechsel.

Einfach wachsen wie in der Natur. Samen säen, hegen, pflegen, düngen und wachsen lassen und eines Tages wird die Ernte immer größer und so groß, dass daraus ein sehr einträglicher Hauptberuf geworden ist.

Ich freue mich, Sie möglichst bald persönlich kennenzulernen.

Ihr

Karl Pilsl

Über den Autor

Karl Pilsl, geboren 1948 in Österreich, verheiratet mit Monika und Vater von acht Kindern, ist seit über 40 Jahren selbstständiger Unternehmer. Er hat alle Höhen und Tiefen dieses Lebens erlebt, von großen Erfolgen in den verschiedensten Bereichen, bis hin zur größten Niederlage, die ein Unternehmer erleben kann: dem Konkurs. Seit 1977 ist er im Medien- und Informationsbereich tätig als Marktforscher, Consultant, Public Speaker und Verleger. Er ist selbst Autor von mehr als 25 Büchern zu den Themen Unternehmensstrategie, Leadership, Motivation, Wirtschaftstrends und erVOLLgreiches Leben.

Seit 1987 ist Karl Pilsl auch in den USA als Wirtschaftsjournalist tätig und beschäftigt sich insbesondere mit der Frage: Was kann der deutsche mittelständische Unternehmer vom amerikanischen mittelständischen Unternehmer lernen?

Hunderttausende seiner Bücher, Hörbücher und DVDs haben, genauso wie Tausende seiner Live-Veranstaltungen mit weit über einhunderttausend Zuhörern bisher, zu einem aktiven, begeisterten Leben inspiriert und ermutigt.

Karl Pilsl hat selbst über ein Dutzend Unternehmen und Organisationen in Österreich, Deutschland und den USA gegründet, mit insgesamt Hunderten von Mitarbeitern.

Er ist Gründer von **www.wirtschaftsrevolution.de** und von Verlag Gute Nachricht GmbH, einem Medienunternehmen, das zum Umdenken anregt. Dazu hat er auch die Umdenk-Akademie® ins Leben gerufen, denn wir müssen umdenken, wenn wir im neuen Jahrtausend auf dieser Erde ein erfülltes Leben leben möchten.

Existenzgründer und klein- und mittelständische Unternehmer gehören zu seiner Kernzielgruppe. Karl Pilsl ist auch der Gründer von **www.club45plus.com** und seine Leidenschaft besteht in erster Linie darin,

Neue Perspektiven für Ihre Zukunft

Menschen über 45 zu inspirieren, nochmals so richtig durchzustarten, für viele Menschen Arbeitsplätze zu schaffen und Menschen herauszufordern, sich die wichtigste Frage des Lebens zu stellen: „Was haben andere Menschen davon, dass es mich gibt?"

Ja, wir müssen umdenken.

Viele Menschen brauchen dazu Hilfe, Unterstützung, Ermutigung, Training, Coaching, ...

Mehr Infos zu seiner Arbeit unter:

www.umdenk-akademie.de

www.umdenk-trainer.de

Ein aktuelles

Medienverzeichnis bzw. Seminarangebote

des Autors Karl Pilsl erhalten Sie bei:

Verlag Gute Nachricht GmbH
Freyunger Str. 53a | D-94146 Vorderschmiding
Tel. +49-8551-9149-0 | Fax +49-8551-9149-14
E-Mail: office@verlag-gute-nachricht.de

oder im Internet:
www.wirtschaftsrevolution.de

Der Autor des Buches steht auch für
individuelle Vortragsveranstaltungen zur Verfügung.
Anfragen richten Sie bitte an den Verlag.

Kostenlose Ermutigung, Inspiration, Motivation und Orientierung für
Ihren privaten und beruflichen ErVOLLg.
Hier kostenlos abonnieren:
www.wirtschaftsrevolution.de/newsletter

Umdenk-Trainer - Der Traumberuf des nächsten Jahrzehnts.
Mehr Information unter **www.umdenk-trainer.de**

Auszug unserer Medien

Vollständige Übersicht unserer Medien unter www.verlag-gute-nachricht.de

Die naturkonforme Strategie

Die Natur ist erfolgreich. Jahr für Jahr. Was macht sie richtig?
Wenn wir aufhören, kompliziert zu denken und bereit sind, von der Natur zu lernen, dann wird das Leben einfach und höchst interessant.
Wenn wir aufhören, allen alles recht machen zu wollen und beginnen, uns auf unsere Stärken und Talente und auf unsere Berufung zu konzentrieren, dann wird es sehr einfach, Spitzenleistungen zu erbringen und damit viele Menschen glücklich zu machen.
Die Natur ist Franchising und Network-Marketing zugleich.
Die Natur versteht es blendend, sich zu multiplizieren.
Deutschland hat zu viele Manager und zu wenige Leader. Menschen lassen sich nicht managen, Menschen möchten geführt werden.
A5, 120 Seiten, ISBN 978-3-935760-00-3, VK EUR 12,00

Was haben andere Menschen davon, dass es mich gibt?
Live-Mitschnitt eines Seminars

Von dieser Fragestellung hängt alles ab: Ihre Zukunft, Ihr ErVOLLg, Ihr Glück. Möchten Sie gerne, dass andere Menschen (Ihre Kunden) mit Begeisterung Ihre Nähe suchen? Möchten Sie, dass Ihnen Ihre Kunden (und damit das Geld) nachlaufen? Möchten Sie gerne NIEMALS einsam sein, weil andere Menschen es lieben, Ihre Gesellschaft zu genießen? In diesem CD-Set erfahren Sie sehr viel mehr über Gesetzmäßigkeiten, die auch Ihr Leben stark und schnell zum Positiven verändern werden, wenn Sie beginnen, danach zu handeln.
4 Audio-CDs, ISBN 978-3-935760-26-3, VK EUR 38,00

Georg – Auf der Startbahn in eine außergewöhnliche Karriere

Georg, ein junger Mann, hatte kurz vor Ende seines Studiums immer noch keine Ahnung, was er mit seinem Leben anfangen sollte.
Durch einen weisen Mentor findet er den Weg in ein erfülltes Leben.
Diese Weisheit steht auch Ihnen zur Verfügung.
Die sieben Schlüsselfähigkeiten und zwölf Lektionen fürs Leben gibt Karl Pilsl auch Ihnen mit auf Ihren Weg.
Ein MUSS für jeden Studenten, Schulabgänger und auch "spät berufenen" Existenzgründer.
A5, 187 Seiten, Hardcover, ISBN 978-3-935760-30-0, VK EUR 19,80

Naturkonformes Marketing
Live-Mitschnitt eines Vortrags

Die Natur ist erfolgreich. Jahr für Jahr. Was macht sie richtig? Was suchen die Menschen von heute? Wenn du hast, was andere Menschen suchen, dann beginnt der Automatismus der Natur: Denn an den Früchten werdet ihr sie erkennen. Von der Qualität des Samenkorns hängt die Qualität der Ernte ab. Bist du bereit, an dir – als Samenkorn – zu arbeiten? Die Herzen anderer Menschen sind der Ackerboden. Was muss ich tun, damit die Herzen der Menschen mir zufliegen? Besonders interessant und hilfreich für moderne Marketingunternehmen
1 Audio-CD, ISBN 978-3-935760-27-0, VK EUR 14,00

10 Schritte zu einem erfüllten, ervollgreichen, sinnvollen Leben

Alles beginnt mit einem Traum. Wer keine eigenen Ziele hat, wird immer von anderen Menschen gelebt. Wer die Führung für sein Leben nicht selbst übernimmt, darf sich nicht beklagen, wenn er von anderen Menschen wohin geführt wird, wohin er gar nicht wollte.
In diesem Buch zeigt Karl Pilsl 10 wichtige Schritte auf, sich mit der aktuellen Situation und der eigenen Zukunftsgestaltung zu beschäftigen. Bedenken Sie: Es gibt keine Grenzen. Nicht für Gedanken, nicht für Ziele. Nur die Angst vor dem Versagen setzt unsere Grenzen.
Planen Sie Ihr Leben und überlassen Sie es nicht dem Zufall.

A5, 118 Seiten, ISBN 978-3-935760-10-2, VK EUR 12,00

Deutschland, wohin gehst du?
Live-Mitschnitt eines Seminars

Die Zukunft gehört wieder den Pionieren und den Visionären. Die Herausforderungen der Zeit.
10 Fehlentwicklungen, die wir so schnell wie möglich korrigieren müssen. Die 10 Trends/positive Entwicklungen, die niemand verhindern kann.
Was suchen die Menschen von morgen?
Was sind die 6 sichersten Branchen der Zukunft?
Wie/Wo soll ich jetzt mein Geld anlegen/investieren?
Was ist jetzt die alles entscheidende Frage?
3 Audio-CDs, ISBN 978-3-935760-29-4, VK EUR 28,00

Wer regiert die Welt?

Wer regiert die Welt wirklich? Was läuft so hinter den Kulissen der Weltbühne? Die Welt ist ein System - keine Kugel. Die Kugel heißt Erde.
Ist dieses System, das wir Welt nennen, vielleicht sogar todkrank und kurz vor dem Kollaps? Stehen wir evtl. auch vor der „Wende des Westens"?
Fragen über Fragen. Fragen, die sich viele Menschen stellen, aber niemand wirklich klar formuliert bzw. auf den Punkt bringt.
Karl Pilsl bringt einige dieser Fragen auf den Punkt - unter dem Motto: Man wird doch noch HINTERfragen dürfen? Allein wenn Sie nur diese Fragen lesen, werden Sie möglicherweise schon die Antwort darauf haben. Es gilt natürlich - wie immer - die Unschuldsvermutung.A5, 100 Seiten, ISBN 978-3-935760-34-8, VK EUR 12,00